El talismán cósmico
Tú decides la aventura, 2

Apartado de correos 25049
28039 Madrid
www.editorialhidra.com

ISBN: 978-84-936726-2-1
Depósito legal: Z-3893-2011

BID: YFC

1ª edición, octubre 2008
2ª edición, marzo 2010
3ª edición, diciembre 2011

Impreso en España / *Printed in Spain*

EL TALISMÁN CÓSMICO

José Ángel Muriel González

Ilustraciones de
Alberto García Ayerbe

Para la pequeña Irene, que trajo un pan tierno bajo el brazo y muchísima felicidad a sus padres.

ADVERTENCIA

No leas este libro como un libro normal. De vez en cuando se te pedirá que tomes alguna decisión que afectará al desarrollo de la aventura. En este libro eres tú quien decide la aventura. Tú tendrás que tomar las decisiones, y de ellas dependerá que consigas tu objetivo o falles en el intento.

El talismán cósmico 1

Un ruido te despierta. Alguien está trasteando en la cocina. Te levantas de la cama algo enfadado, porque es sábado y te hubiera gustado dormir un poco más.

Mientras intentas abrir los ojos del todo, todavía soñoliento, levantas la persiana y la claridad te deslumbra, aunque el cielo está nublado. Te asomas a la ventana y contemplas el paisaje. Desde tu habitación se ve el mar Egeo, que baña las costas de Samos, la isla donde vives. Algún que otro barco navega entre la bruma, en las proximidades del puerto.

Estás empezando a hacer planes para pasar la mañana con tus amigos cuando entra tu madre en el cuarto.

—Buenos días. Será mejor que te vistas. Tienes que venir conmigo. Necesito que me ayudes con las compras en la ciudad. Yo sola no podré.

—¿Tan temprano?

—¿Temprano dices? ¡Son las once! Y tengo una cita dentro de media hora para enseñarle a un cliente una casa en venta. ¡Así que date prisa!

Tu madre te lo ha contado todo con una sonrisa cautivadora y un tono de voz cariñoso, pero tú no estás muy conforme. Acaban de desmoronarse tus magníficos planes para disfrutar del sábado y es que su propuesta no parece muy prometedora.

—¿Y papá?

—Tenía que resolver un asunto en el trabajo. Llegará más tarde. ¡Vamos! No te entretengas. No puedo retrasarme.

—Está bien, mamá.

2 El talismán cósmico

Te quedas solo en tu dormitorio y le echas un vistazo a la funda de la película que estuviste viendo ayer por la tarde. Se trata del quinto episodio de las aventuras de tu héroe favorito: Archibald Conrad, un arqueólogo moderno que descubre toda clase de ciudades perdidas, lugares secretos y tesoros escondidos, atravesando la selva o recorriendo el desierto si hace falta. En el póster adherido a la pared, sobre el escritorio, Conrad posa junto al libro que sale en su última aventura.

Recuerdas sus propias palabras, pronunciadas en el primer capítulo de la serie: "Nadie llega a hacerse rico con la arqueología". En efecto, Conrad debe su fortuna personal a una herencia. Pero lo cierto es que las hazañas del valiente personaje te han acercado a un mundo antes desconocido y a la búsqueda de todo tipo de objetos extraños. Gracias a él, adoras la arqueología.

Luego te lavas la cara y empiezas a vestirte. Por si acaso, coges todo tu equipo. Tal vez puedas escaparte más tarde con la bicicleta y buscar a tus amigos para seguir jugando donde lo dejasteis la semana pasada. Te pones tu pantalón preferido y las botas de senderismo, una camiseta con el nombre de Archibald Conrad en letras grandes y vistosas, encima el chaleco marrón con bolsillos y, por último, el cinturón de explorador con tus herramientas.

Ya estás preparado para enfrentarte a la aventura que se te ocurra hoy. Pero, antes de empezar el día, bajas a la cocina para tomar el desayuno, porque tienes el estómago vacío.

Maravillas de la
ARQUEOLOGÍA

4 El talismán cósmico

En el coche, de camino a la casa que tu madre tiene que enseñar, ella te mira de reojo mientras conduce y no deja de reprocharte cosas.

—Ya podías haberte peinado, ¿no? Ay, qué poco cuidadoso eres. ¿Y esos vaqueros tan viejos? ¿No tienes otros, hijo?

—Son los que utilizo cuando salgo a explorar.

—A explorar, ¿eh? Pero, ¿no te he dicho que íbamos de compras? ¿Y qué llevas en todos esos bolsillos?

—Mamá, ya lo sabes. Son mis herramientas.

—Vaya niño más raro.

—Pero, mamá, es mi afición.

Tu madre no ha quedado muy convencida, pero tú, que no te sientes tan raro como ella dice, prefieres dejar la discusión y vuelves la vista a la carretera. Sólo eres un chico normal, aficionado a las aventuras de Archibald Conrad, como tantos otros. Te lo tomas algo más en serio, eso sí.

Unos pocos kilómetros antes de llegar a la ciudad, el todoterreno gira a la derecha y sigue una pista de tierra que asciende hacia el macizo montañoso que corona el norte de la isla. Eso te extraña mucho, porque creías que ibais a algún apartamento del centro o, en todo caso, a la urbanización de la playa.

—¿Qué casa vas a enseñar, mamá?

—El viejo caserón de la colina.

—¿A quién le interesa eso? ¡Si está en ruinas!

—Por dentro no está tan mal como parece por fuera. Mi cliente tiene su propia empresa. Pretende asfaltar el sendero y restaurar el edificio para convertirlo en un hotel.

Un hotel. Ahora que lo piensas no es tan mala idea. Si no fuera por su estado maltrecho, el caserón resultaría hasta bonito. Además, las vistas desde el montículo donde se encuentra ubicado, al pie de la sierra, son excelentes, porque es uno de los puntos más altos de la isla.

Justo mientras estás pensando eso, ves aparecer entre la arboleda el tejado del edificio y el ventanuco de la buhardilla. Es una casa de dos plantas y está tan vieja que su visión resulta un poco fantasmagórica.

No es el sitio más adecuado para visitarlo de noche. Alguna vez has oído a los chicos del colegio poner a prueba su valor apostándose si eran capaces o no de acudir solos a la casa de la colina una noche sin luna. Hasta el momento, nadie se ha atrevido a hacerlo.

Tienes que admitir que la casa da miedo. Todas las paredes están forradas con tablas de madera que han perdido el color original y parecen podridas. La mayoría de las contraventanas están desencajadas o se han descolgado de los marcos. Su aspecto es de lo más siniestro. Y, lo que faltaba, sobre el cielo gris se dibuja un relámpago que anuncia tormenta. A continuación, suena un trueno haciendo que todo parezca aún más tétrico.

—Va a caer un buen chaparrón —comenta tu madre.

Al fondo, sobre las nubes oscuras, se perfilan las lomas rocosas que caen sobre el mar formando un acantilado.

6 El talismán cósmico

Siempre te ha llamado la atención la extraña forma de uno de los montículos, una protuberancia semiesférica que, desde lejos, parece una construcción artificial. Sin embargo, te has acercado alguna vez con tus amigos atravesando el monte y habéis podido comprobar que la superficie, cubierta de musgo y vegetación, es de la misma piedra sólida que el resto de la sierra.

Tu mirada se desvía de nuevo hacia la casa.

—¿Quién vivía ahí? —preguntas con curiosidad.

—El señor Adrionopoulos, un coleccionista de antigüedades. Creo que se dedicaba sobre todo a adquirir piezas medievales y cosas así. La verdad es que era un hombre muy peculiar.

—¿Por qué?

—Siempre iba vestido como si perteneciera a otro siglo y caminaba mientras hablaba solo. No se relacionaba con nadie. Sin embargo, cuando bajaba al pueblo, solía molestar a la gente por la calle con sus discursos sin sentido. Estuvieron a punto de meterle en un manicomio por eso, pero creo que falleció antes de que pudieran hacerlo.

—¿Qué les decía?

—Que estaba preparando la llegada de los dioses o algo parecido. Lo sé porque una vez me paró a mí cuando tenía tu edad. Vaya susto que me dio.

La expresión de tu cara cambia al escuchar la anécdota. No esperabas que tu madre conociera personalmente a un individuo tan excéntrico.

—La casa lleva mucho tiempo abandonada, pero con una buena reforma... —añade tu madre, mientras aparca el todoterreno frente a la fachada principal.

—Tú lo has dicho, mamá, una buena reforma. Porque, por ahora, parece una casa fantasma.

Las ruedas se han hundido un poco en el fango. Tu madre baja con cuidado del coche, para no meter los pies en los charcos dejados por las lluvias recientes. Tú, en cambio, con tus botas especiales, dotadas de una gruesa suela de goma, no tienes miedo a mojarte ni a resbalarte, porque se agarran perfectamente a cualquier superficie.

Pero tu madre no opina lo mismo.

—Si quieres entrar en la casa, no pises el barro, por favor.

Naturalmente, le haces caso. No te apetece quedarte solo y aburrido en el coche. Al menos, dentro podrás husmear un poco.

Justo entonces comienza a llover otra vez. Una masa de nubes negras está pasando sobre la isla y descarga un fuerte aguacero. Tu madre abre el paraguas.

Si te cobijas también bajo el paraguas, pasa a la página 35.

Si decides echar una carrera hasta el porche, pasa a la página 20.

8 El talismán cósmico

Vuelves a pasar las páginas desde el principio, deleitándote con la letra alargada y curva del difunto propietario de la casa. Revisas las marcas y confirmas tu teoría de que siguen algún tipo de secuencia lógica. Es entonces cuando piensas que quizá lo que tienes que averiguar es cómo componer esa secuencia lógica para descubrir la regla que siguen las marcas.

—Bastaría con interpretar esos símbolos.

Irene se pone a tu lado y los observa atentamente, repasando en voz baja lo que vais viendo para ayudarte.

—Tres puntos formando una horizontal junto a dos puntos sobre una línea también horizontal... En esta otra página, dos puntos y un punto sobre una línea... En la siguiente, sólo hay cuatro puntos sobre una línea...

—Hasta dos posiciones —resaltas señalando con el dedo cada una de las esquinas donde aparecen las marcas—. Combinaciones de puntos y líneas en una o dos posiciones. Se parece mucho a...

—¿A qué? —grita Irene impaciente.

—El libro tiene numerada hasta la página noventa y cuatro... Lo demás está en blanco. Es como una numeración paralela. ¡Y sigue un sistema similar al de los mayas!

—¿Qué quieres decir? Explícate mejor, que me estoy perdiendo.

—Esta numeración no funciona exactamente igual que la maya, es más sencilla. Creo que los puntos son unidades y cada línea equivale a cinco unidades. Por ejemplo, tres puntos y dos puntos sobre una línea equivaldrían a treinta y siete.

—¿Y?

—Dos puntos y un punto sobre una línea sería lo mismo que veintiséis. ¿Lo ves? Adrionopoulos numeró primero todas las páginas en las que pensaba escribir. Luego escribió página a página, saltando de una a otra al azar. Pero apuntaba en la esquina inferior la referencia de la página siguiente, para poder leer todo el texto sin dificultad.

Irene arquea una ceja ante tu formidable explicación.

—Interesante. ¿Dónde has aprendido todo eso?

—Me leí algunos manuales sobre jeroglíficos mayas y luego estuve practicando por mi cuenta. Vamos a hacer una prueba. Vuelves a la página que estabas leyendo y lees los últimos renglones, alineados junto al dibujo a lápiz de una esmeralda. El autor se ha molestado incluso en representar los destellos del cristal verde.

—"*Sé que cuesta creerlo, pues yo mismo soy escéptico a todas estas cosas, pero la mayoría de las fuentes coinciden en asegurar, a lo largo de los siglos, que la reluciente esmeralda encerraba una enorme energía y que sólo Héctor era capaz de dominarla y sacar provecho de...*" —buscas rápidamente la página treinta y siete y prosigues— "*...todo el poder que contenía. Desde que cayó en sus manos, la estudió exhaustivamente hasta que aprendió a controlar la inmensa energía que podía emitir. Dicen que tenía el dominio de lo oculto en la naturaleza y con sólo un pensamiento podía desvelar la puerta del tiempo como quien descorre una cortina. Ni siquiera quienes alguna vez consiguieron robársela supieron manejarla.*"

—Parece algo muy valioso... —murmura Irene.

—"En cambio, Héctor, que conocía el riesgo de usarla mal, la llevaba siempre encima como un talismán protector, aunque era más bien él quien protegía a la gema. La piedra se encuentra engastada en el seno de la estatua de Héctor que adorna el salón de su palacio. Al menos, eso afirman los historiadores más cercanos al príncipe".

—Eso debe de ser lo que señala la tercera cruz del plano, en el centro del círculo grande. ¿Será todo verdad?

—Es fantástico, ¿no?

—Sigue leyendo, ¡sigue leyendo!

—"La gema no debe caer en manos de cualquiera. A pesar de todo el tiempo que dediqué a su estudio y de que tenía la seguridad de conocer su paradero, no me atreví a ir en su búsqueda. En más de una ocasión estuve a punto de dejarme tentar por la oportunidad de contemplar y poseer la magnífica esmeralda. Pero no lo hice. Acabaré mi vida con la satisfacción de saber que nadie la encontrará jamás a no ser que lea estas páginas".

—Adrionopoulos sabía dónde estaba —recalca Irene, con la mano sobre la boca para contener la sorpresa—. Sabía llegar hasta el palacio de Héctor.

—Y, si era príncipe de Samos, el palacio de Héctor tiene que estar forzosamente en esta isla, ¿verdad? —le dices con una sonrisa de entusiasmo que te cruza la cara.

Avanzas un poco en la lectura y te detienes en otra página en la que Adrionopoulos ha imaginado una escena escalofriante: un rayo de intensa luz que brota de la gema, sobre la mano de alguien que sangra.

—*"Según el historiador Terencio, que hace una interpretación de las profecías de Elosto basándose en los hechos que fue recopilando, Héctor el Genio vivía en su residencia con decenas de invitados a los que daba alojamiento con la máxima hospitalidad. Entre ellos, multitud de seres de otras dimensiones pasearon por su corte. Sin embargo, aquellos que fabricaron su famoso talismán nunca pisaron el suelo de su palacio. He llegado a la conclusión de que eran nuestros hermanos, venidos de otra galaxia y confundidos con dioses por muchas culturas anteriores"*.

—¿Está hablando de extraterrestres?

—Eso parece.

—Ese hombre no estaba muy bien de la cabeza. ¿Qué dice en ese capítulo?

A Irene le ha llamado la atención una frase suelta que destaca en la página siguiente: *"Sobre el hallazgo"*. Aunque supone saltarse la numeración que sugieren las marcas del autor, lees unos párrafos.

—*"La decisión de comprar los terrenos en los que luego hice construir mi casa no fue casual. Intuía que era ahí donde debía buscar las propiedades de Héctor. Trabajé durante años, excavando la tierra y la roca yo solo hasta que hallé algunos vestigios del palacio. Tuve que abandonar mi puesto de profesor para dedicarme totalmente a la tarea. Me gasté todos mis ahorros en los trabajos de búsqueda y en la edificación posterior de la vivienda. Cuando por fin estuvo levantada, apenas contaba con recursos para seguir con mi labor.*

»Previamente, había localizado las entradas de varios pasadizos, pero enseguida volví a taparlas para que pasaran inadvertidas durante la construcción de la casa. Tracé un plano que el constructor debía respetar al detalle si quería volver a abrirme paso hasta los túneles entre los cimientos. Naturalmente, no le revelé nada del hallazgo, por lo que todas mis exigencias le parecieron caprichosas.

»Con el tiempo, logré una descripción bastante completa de los distintos accesos que había encontrado, lo que me permitió ampliar la cartografía. Incluso pude fabricar una copia de la llave que necesitaba para abrirme paso. Pero me había hecho demasiado mayor. Me faltaba el coraje para cumplir el resto de la misión."

Cierras el libro bruscamente, con un ruido que asusta a Irene. La miras decidido y te pones de pie. ¿Dónde estará esa llave que ha mencionado Adrionopoulos?

—Hay que ponerse en marcha.

—Muy bien. Supongamos que existe ese palacio. ¿Cómo lo vamos a encontrar?

—Con ayuda del plano.

—Pues deberíamos echarle otro vistazo antes de empezar, ¿no crees?

Si quieres hacer caso a Irene, pasa a la página 79.

Si decides que ya tienes toda la información, pasa a la página 85.

14 El talismán cósmico

La oferta de los extraterrestres es una tentación innegable. ¿Quién no querría conocer otro planeta? ¿Cuánto han soñado los hombres con poder comunicarse con otra forma de vida inteligente? Cruzas una mirada con Irene y, tácitamente, llegáis a un acuerdo.

—Está bien.

—Venid con nosotros.

Os ponen una especie de escafandra y ellos vuelven a colocarse sus cascos. Metis posa una mano en tu espalda y Ull Heris en la de Irene. De pronto, te zambulles en otro plano de la existencia para viajar por las dimensiones. Tras la inmersión en esa zona donde la realidad se curva y pierde su solidez, la sensación es de fuerte mareo y crees que no lo vas a resistir. Pero no tardas en acostumbrarte.

Antes de que puedas pensar en quejarte, aún con náuseas, estás en otro sitio. Ha ocurrido algo insólito. ¡Os habéis teletransportado!

Os encontráis los cuatro sobre una plataforma gris, dentro de una enorme campana de cristal que permite ver un cielo anaranjado.

—Hemos llegado a Ashad —dice Metis Atrahasis—. No dudo que os llamará mucho la atención el hecho de que tengamos tres soles.

Estáis demasiado absortos en lo que os rodea como para escuchar con suficiente atención al alienígena.

Una sección de la campana se separa como si fuera una burbuja de jabón. Los bordes se dividen, pero poco a poco, como si estuvieran hechos de chicle.

El suelo de la plataforma sobre la que estáis es de un material que puede volverse elástico, romperse y recuperar luego su forma y su rigidez.

La plataforma flotante sobre la que vais montados se desliza por la atmósfera de Ashad como una alfombra mágica. Os envuelve una capa esférica y transparente que proporciona una visión total sobre el paisaje, pero que adopta la forma más aerodinámica en función de la velocidad y la fricción con el fortísimo viento que sacude la superficie del planeta.

La primera impresión al ver Ashad desde la plataforma es que se trata de un mundo triste y desolado. Sus tres soles generan tanto calor que la corteza carece de vegetación. Hasta donde alcanza la vista, el paisaje es una sucesión de llanuras áridas y colinas desiertas de poca altitud. Con una mirada se abarcan grandes extensiones de terreno uniforme, seco y pedregoso. Sólo de vez en cuando emerge algún peñasco o se avista algún montículo de tamaño desproporcionado, más alto que la mayor montaña terrestre.

En el apacible silencio que reina sobre Ashad, únicamente destaca el zumbido del viento y la estridencia del motor que mueve la plataforma volante. El lugar resulta excesivamente luminoso, pero la pantalla de los cascos que lleváis puestos filtra la luz, de modo que no os molesta.

—Como podéis comprobar, si no fuera por la protección de la escafandra, probablemente os quedaríais ciegos —aclara Ull Heris, que os va señalando distintos puntos de la geografía de su planeta.

—¿Y vosotros?

—A nosotros también nos molesta mucho la luz, pues estamos acostumbrados a vivir sin ella. De hecho, si nos expusiéramos a la luz durante algún tiempo, posiblemente nos mataría. Así que no nos quitaremos los cascos hasta que lleguemos a la ciudad que os vamos a enseñar.

—Por otra parte —irrumpe Metis con su serenidad habitual—, la composición del aire puede ser letal para vosotros. Contiene una proporción de dióxido de carbono mayor de lo que los mortales os podéis permitir. Para la gente de Ashad es vital, pero en vuestro mundo la acumulación de este elemento contamina y provoca cambios climáticos. La burbuja que nos rodea no nos aísla por completo, simplemente evita la agresión de agentes externos. Por eso necesitáis las máscaras, para respirar con normalidad.

—¿Por qué nos llamáis mortales, Metis? —preguntas algo molesto, sin dejar de contemplar el panorama.

—Porque, desde nuestro punto de vista, vuestras vidas son tan efímeras... —lamenta el anfitrión al apreciar las debilidades del ser humano—. Para vosotros, nuestra edad es casi incontable en la mayoría de los casos. Nos regimos por los movimientos de Ashad alrededor de nuestra estrella mayor, pero solemos medir el tiempo histórico por la conjunción de las traslaciones con respecto a las tres. Ashad completa una vuelta al cabo de unos seiscientos de vuestros años. Para que os hagáis una idea, nuestro promedio de vida es de unos doce de esos ciclos. A mí aún me quedan unos cuantos ciclos para retirarme.

Haces cálculos mentalmente y quedas aturdido por el resultado. ¡Los habitantes de Ashad pueden vivir miles de años! Ahora comprendes sus observaciones.

—¡Más de siete mil años! —exclama Irene, que también ha hecho las cuentas.

—En vuestro planeta todo pasa muy deprisa —continúa Metis—. Aquí, por ejemplo, sólo se hace de noche cuando se dan las circunstancias adecuadas, ocurre aproximadamente cada doscientos años de los vuestros. Entonces, el frío se apodera de Ashad y todo se congela.

Una hendidura se vislumbra en la superficie, bajo la plataforma flotante, que vuela bastante alto para eludir los vendavales más fuertes. La brecha se ensancha hasta convertirse en la boca de una enorme gruta que cae en vertical como un pozo. La burbuja que os transporta penetra en la honda fosa, que comunica con una caverna de enormes dimensiones. Pero abajo la oscuridad no es absoluta. Cientos de focos proporcionan luz al mundo subterráneo que estáis visitando, aunque el efecto es tenue y vuestros ojos tardan en adaptarse a la penumbra.

—En el exterior de Ashad, apenas hay vida —explica Ull Heris mientras se quita el casco—. Al contrario de lo que sucedió en vuestro planeta, la evolución se produjo bajo tierra. Toda la vida se ha desarrollado aquí, aprovechando las cavidades naturales.

Pasáis sobre un área inhóspita, donde la lava de un volcán ha sepultado un conjunto de construcciones y sólo quedan unas cuantas ruinas.

—Una erupción devastó ese sector hace tiempo —dice Metis—. Causó estragos entre la población y muchos compañeros perecieron asfixiados por el humo y los gases. Pero la ciudad sobrevivió y preserva gran parte de los edificios que alzaron nuestros padres, mucho antes de que vuestros antepasados pensaran en formar la primera aldea. Fijaos en eso.

Bajo el techo rocoso, una columna de piedra y metal se eleva al otro lado de un oscuro lago. Las crestas del pináculo se confunden con las aristas del techo y con las demás estructuras naturales de la cueva, pero parecen artificiales. En la parte superior, se enciende una mota de luz intermitente, como si fuera un faro.

—¿Qué es?

—Es la Torre de los Eternos Centinelas. Desde ahí velamos por el bienestar de nuestros exploradores y aguardamos constantemente la llamada de algún extraviado. Cuando se activa una Llave, recibimos la señal. Pero después solemos desplazarnos desde las plataformas exteriores hasta el lugar de origen de la llamada, para que la energía de la teleportación no interfiera en la rutina de los habitantes.

Comenzáis a ver la ciudad, oculta tras la roca donde se erige la Torre de los Eternos Centinelas. El trazado de las calles es más irregular de lo que imaginabas; no abundan las avenidas paralelas que esperabas encontrar como producto de una división racional del espacio para agilizar el tráfico. Lo cierto es que no se ven vehículos motorizados. Pero, claro, no deben necesitarlos si pueden teletransportarse al otro extremo del universo con sólo desearlo.

Por tanto, las calles adoptan los trazados más adecuados para hacer fáciles y rápidos los movimientos de los peatones.

Tampoco hay demasiados edificios altos. Como terrestre, al imaginar una cultura más avanzada, piensas que contará con ciudades llenas de rascacielos, como Nueva York. Pero lo que estás viendo contradice toda esa lógica.

No obstante, algunas estructuras de mayor tamaño sobresalen sobre el resto de las construcciones. Tienen forma piramidal y destacan entre las fachadas de metal y roca. Se parecen a las antiguas pirámides de Egipto.

—¿Son templos? —pregunta Irene.

—No —contesta Metis—, son nuestras fábricas, plantas para la producción de energía. Los tres soles nos la proporcionan en grandes cantidades y sólo hay que saber capturarla y almacenarla.

—¿Seguimos sobrevolando o preferís descender?

Te atrae la propuesta de Ull para bajar y conocer más de cerca las costumbres de los habitantes. Pero desde arriba se domina una vista extraordinaria.

Si quieres seguir sobrevolando la ciudad, pasa a la página 66.

Si sientes curiosidad por ver lo que hace la gente en las calles, pasa a la página 26.

Sales corriendo hacia el porche, subes los dos peldaños que conducen a la puerta principal y te pones a resguardo. Cuando llega tu madre y cierra el paraguas, te das cuenta de que no está muy contenta. Señala con un gesto tus zapatos sucios y tu ropa mojada.

—¿Qué te había dicho? Ahora tendrás que quedarte aquí mientras atiendo a la persona que viene a ver la casa.

—Pero, mamá...

Sin embargo, se muestra inflexible y no te deja seguir protestando.

—Toma las llaves del coche y pon la calefacción. Procura secarte antes de que te resfríes.

En ese momento, llega otro vehículo y se detiene junto al vuestro. Un señor de traje se apea y camina rápidamente hasta donde estáis. Estrecha la mano de tu madre y ambos se meten en la casa. Un instante antes descubres que también se ha llenado de barro los zapatos. Pero, como se trata del cliente, tu madre no le dice nada al respecto.

En lugar de meterte en el todoterreno, te quedas mirando la lluvia, a cubierto bajo el porche, y te quitas el fango de las botas rozando las suelas contra uno de los escalones. Al mirar hacia el coche del hombre que ha venido a ver la casa, te das cuenta de que hay alguien dentro. Es una chica. Posiblemente se trate de su hija. La saludas con la mano pero no te hace caso.

Para no aburrirte, decides echar un vistazo a la casa a través de las ventanas. Debido a la tormenta, hay poca luz, así que buscas en uno de los bolsillos del chaleco y sacas tu bolígrafo, que tiene una linterna en el extremo superior.

Pulsando un botón, se enciende y diriges el foco al interior de la primera ventana. Es una especie de comedor, con un mobiliario muy antiguo. En el suelo de parqué hay una gran alfombra. En el pasillo que lleva hasta esta habitación también distingues una alfombra alargada. Por eso tu madre no quería que entraras con el calzado sucio, para no mancharlas.

Te acercas a la siguiente ventana. En la penumbra, los azulejos de las paredes reflejan el haz de la linterna. Hay un viejo horno de carbón y un fregadero oxidado. Las baldosas están mugrientas y algunos bichos diminutos corretean sobre ellas. Es la cocina.

De pronto, sientes una mano en el hombro y das un respingo.

—Hola. ¿Qué estás haciendo?

Es la chica que estaba dentro del otro coche. Lleva puesto un impermeable naranja con el que podrías verla a varios kilómetros. Sus cabellos son largos y negros y los lleva hacia atrás, sujetos por una cinta sobre la frente. Su rostro es delgado, de pómulos marcados y rasgos inteligentes. No es elegante, pero tampoco descuidada. Te parece sencilla, pero guapa. Se mueve con arrogancia, como si fuera la dueña del mundo.

—Me has asustado.

—Lo siento. —Ella sonríe con benevolencia, tratando de disculparse—. Me llamo Irene. Bonita camiseta.

—Gracias. Estoy... inspeccionando la casa –contestas haciéndote el interesante.

Seguido de Irene, te desplazas hasta la última ventana de la fachada principal y la pequeña linterna ilumina paredes cubiertas de estantes con libros. Debe de haber cientos, quizás miles de ellos. Los muros están forrados de una madera oscura y sólo se ven lomos de libros y más libros, a veces amontonados unos sobre otros en las estanterías. Es una biblioteca privada que llama poderosamente vuestra atención. Nunca habíais visto una biblioteca como esta.

—Qué guay —exclama Irene, mientras se quita el impermeable.

Al apoyarse sobre el cristal, Irene se percata de que la ventana está abierta.

—¿Entramos?

—¿Por la ventana? —preguntas aturdido.

—Sí.

Irene empieza a trepar por el alféizar, pero se detiene al ver que no te has movido.

—¿Qué?

—Creo que es mejor usar el método tradicional.

Te acercas a la puerta principal, pero tu madre y su cliente la han dejado cerrada cuando han entrado. Golpeas repetidamente la madera con los nudillos para que os abran. Entonces, notas que Irene te está mirando.

—¿Qué pasa?

—Vestido así, creía que eras un aventurero. Habría sido más chulo saltar por la ventana.

—¿Por qué hacer eso si hay una puerta?

—Lo que yo decía, te falta imaginación.

Vuelves a llamar a la puerta, pero nadie responde. Irene extiende el brazo y la aporrea con fuerza, para provocar más ruido. Enseguida aparece tu madre.

—¿Ocurre algo?

—¿Podemos entrar?

Tu madre examina rápidamente el calzado de los dos y cruza una mirada con la chica.

—Tú debes de ser Irene, ¿verdad?

—Así es —contesta ella con la misma amabilidad.

—Precisamente, tu padre estaba hablando de ti ahora. Entrad, entrad.

Irene da las gracias educadamente y te cede el paso. Podría haberte molestado la actitud de enteradilla que ha mostrado. Pero, al contrario, ves que se trata de alguien con recursos y puede ser una estupenda aliada. Le susurras al oído:

—¿Así que habrías preferido saltar por la ventana?

—¿No es más divertido?

—Es posible. Pero pareceríamos ladrones o algo así.

Tu madre se reúne con el padre de Irene y le sigue enseñando la casa. Cuando se disponen a subir a la segunda planta, carraspeas y te diriges a ella.

—Hemos visto que la casa tiene una biblioteca...

—¿Podemos verla? —interrumpe Irene, sabiendo que tu madre no podrá negarse a su petición.

—Está bien, esperadnos ahí.

Caminas hacia la puerta que ha señalado con el brazo y giras el picaporte. Antes de abrirla, observas que en el hueco de la escalera por la que han subido tu madre y el padre de Irene hay una pequeña puerta.

Si no le das mayor importancia y entras con Irene en la misteriosa biblioteca, pasa a la página 37.

Si sientes curiosidad y decides averiguar qué hay bajo la escalera, pasa a la página 48.

De nuevo, el peligro os acecha. No sabes de dónde han salido esas personas, pero algunas levantan los brazos de forma alarmante y otras van armadas con hoces, martillos y espadas. Después de un rápido vistazo, coges a Irene del brazo y obedeces tu primer impulso: salir corriendo.

—¡Vamos! ¡No dejaremos que nos cojan!

Bajáis a toda velocidad por la rampa y estás a punto de estamparte contra la pared de enfrente. Empiezas a agacharte para pasar bajo el muro, pero Irene te retiene.

—Un momento.

—Aún podemos huir... —gritas muy alterado—. ¡Corre!

Has perdido la cordura y no estás seguro de querer afrontar un nuevo desafío. Por eso, tus piernas te piden seguir corriendo. Pero Irene insiste.

—No, espera. No nos persiguen.

Miras atrás y, en efecto, la linterna confirma que la rampa está desierta. Mientras permanecéis callados, no se oye ningún ruido, salvo el goteo de algún hilillo de agua de lluvia que se cuela desde la superficie.

—No estoy segura de que fueran personas. Demasiado silenciosas, ¿verdad?

Asientes más relajado y dedicas una mirada afectuosa a la chica, que está resultando ser una excelente compañera de aventuras. Admiras su personalidad.

La sigues y volvéis a subir la rampa con sumo trabajo.

Subes la rampa de nuevo con Irene, pasa a la página 50.

Auque no quieres perderte ni un segundo de lo que estáis presenciando, miras a Irene un momento.

—¿Qué te parece si bajamos?

—De acuerdo. Me ha llamado la atención aquello.

La plataforma volante dirigida por Ull Heris empieza a descender lentamente hacia el emplazamiento que ha señalado Irene. El continuo trasiego de peatones entre los edificios de forma geométrica es intenso. Las calles están llenas de gente, pero no parecen congestionadas porque prevalece cierto orden.

Los transeúntes confluyen hacia una especie de plaza. Una mole de grandes bloques de piedra superpuestos en hileras se extiende al fondo de la explanada. El techo es de un material traslúcido y rugoso que no conocéis. Bajo la cubierta se adivinan decenas de columnas, alrededor de las cuales se reúnen grupos de personas.

—¿Qué es eso? —preguntas intrigado.

—Vosotros lo llamaríais museo, pues atesora una gran colección de objetos traídos desde los lugares más remotos del cosmos —responde Metis—. Pero, en realidad, se trata de un monumento conmemorativo para los náufragos, los exploradores que nunca regresan. Antiguamente, las autoridades debatían en su interior asuntos políticos.

Te quedas pensando qué habrá querido decir con "*antiguamente*". Puede que se refiera a hace cinco mil años o incluso más. Estáis siendo testigos del progreso de una civilización que lleva existiendo y creciendo desde tiempos inmemoriales.

Pero Metis ha hablado de la política como si fuera algo que ya no mereciera la pena tener en cuenta. ¿Es que nadie gobierna el planeta?

—Antes, nuestro pueblo tenía un espíritu más dinámico y emprendedor —reconoce Ull Heris—. Pero es normal que las cosas cambien con la evolución de las especies. De hecho, nuestra civilización aún no ha alcanzado su apogeo.

En otra calle, la gente se apiña fuera de los edificios en determinados puntos, en torno a máquinas que tienen aspecto orgánico.

—¿Qué hacen?

—Están trabajando.

—¿En la calle?

—¿Por qué no? Dentro de la cueva no hay riesgo de cambios meteorológicos.

La plataforma se posa suavemente en el pavimento y la burbuja que la rodea se descompone como una pompa de jabón. Apenas esperas a que aterrice para apearte y estudiar las reacciones de aquellos seres. Sin embargo, nadie parece fijarse en vosotros. Pasean indiferentes a todo, salvo a sus propias ocupaciones. Mientras Ull os aguarda en la plataforma, Metis os acompaña a dar una vuelta. De cerca, las construcciones de Ashad resultan poco lujosas, aunque es una muestra clara de una cultura que fue una vez floreciente y ahora se encuentra consolidada. El movimiento y la vida que impregnan todo resultan estimulantes y contrastan con la naturaleza imperturbable del exterior.

28

Mientras Metis continúa con sus explicaciones, os mezcláis con la multitud y disfrutáis de su ajetreo, que parece obedecer a cierta organización y es muy diferente al caos y las prisas de cualquier población terrestre.

—Vaya —exclama Irene con la boca abierta.

La muchedumbre se concentra en grupos, alrededor de gruesos pilares que emiten pitidos y destellos, como computadoras agotadas por el transcurso del tiempo. Hay algo de espeluznante en verlos reunidos, como si tuvieran un objetivo común pero cada uno cumpliera una función al margen de los demás.

Por un instante, dejas de escuchar a Metis y a Irene, que sigue planteando sus dudas al extraterrestre. La curiosidad te lleva hasta el siguiente edificio, de líneas rectas y altas paredes, con adornos que imitan las aristas de la roca. Te recuerda a una catedral. De hecho, los viandantes entran y salen del edificio ininterrumpidamente.

—¿Qué se hace aquí?

La pregunta queda sin respuesta. Cuando vuelves la cabeza, descubres que no tienes a Metis ni a Irene a tu lado como creías. Guardas la calma, pero pasan los minutos y ninguno de los dos reaparece entre el gentío. Te has perdido.

—¿Irene? ¿Metis?

A pesar de llamarlos en voz alta, sobre el murmullo de los alienígenas que te rodean, nadie acude. De pronto, la soledad te provoca una gran ansiedad y el terror más puro se apodera de ti.

—Tenía que haber estado más atento —lamentas, culpándote por tu distracción.

El miedo hace que pierdas el control. Te sientes privado repentinamente de todo lo que quieres, perdido en un mundo diferente donde no aciertas a comunicarte con sus habitantes. Ni siquiera sabes cómo alimentarte. Y es posible que el oxígeno que te proporciona la escafandra se termine en algún momento.

Empiezas a alejarte de la catedral, porque piensas que, probablemente, cada segundo que pasas quieto tus amigos se alejan más de ti y no te encontrarán. Te mueves entre la gente, que se agolpa cada vez más en los callejones, y miras varias veces hacia arriba con la esperanza de ver la plataforma de Ull sobrevolando la zona para encontrarte.

Todo es en vano y te pones más nervioso. Tus pasos se vuelven precipitados y empiezas a correr, tropezando con los caminantes, que se mueven en todas direcciones sin rozarse. Debes de parecerles muy torpe, pero siguen a lo suyo, sin detenerse a mirarte.

Entonces, tus pies se enredan en algo y caes al suelo, con tan mala suerte que no puedes amortiguar la caída a tiempo. Tu cabeza rebota dentro del casco dolorosamente. Todo el mundo está en sus asuntos, pero, de pronto, te miran fijamente, todos a la vez. En ese momento, un extraño sueño te hace cerrar los ojos.

Te quedas inconsciente, ve a la página 107.

Guardas el plano y, como pesa bastante, depositas el libro en el suelo para llevar las manos libres. Luego, le haces una señal a Irene para que te acompañe.

—Vamos a echar un vistazo y ahora volvemos.

—¿Será buena idea? No me gusta nada ese pasillo.

—Iremos con cuidado.

Penetráis en el otro pasadizo y enseguida notáis que hay mucho menos espacio a vuestro alrededor. Tenéis que ir en fila india, uno detrás del otro.

Cada pregunta de tu amiga te hace dudar. ¿Y si tiene razón y no es buena idea? ¿Seguro que Archibald Conrad se hubiera arriesgado a desviarse del camino más fácil? Adrionopoulos hablaba en su libro de trampas. ¿No os estaréis dirigiendo hacia una?

—¿No vas demasiado rápida? —adviertes tocándole suavemente en el hombro. Irene frena de pronto. Estás tan sumido en tus pensamientos que no puedes evitar tropezar con ella—. Lo siento.

—Ahí delante se acaba esta galería.

En efecto, la linterna ilumina un muro de piedra al frente. No hay salida.

—¿No hay algo en esa pared? —dices.

—Sí, es verdad. Hay algo, como unas inscripciones.

Irene orienta el haz de luz hacia los dibujos grabados en la roca. Aún quedan restos de color. Es una especie de mural en el que destaca un hombre barbudo, sentado en un trono. Tiene frente a él un objeto verde y resplandeciente que está manipulando.

Concretamente, está vertiendo un líquido sobre él. Y un rayo fluye de dicho objeto y se dispara hacia el cielo.

A la izquierda unos seres azules, aparentemente muy altos, y vestidos de forma muy extraña, observan la escena. Algunos tienen una mirada amenazadora. Otros parecen sonreír. Te da la impresión de que todos ellos os están viendo y sientes un escalofrío en la espalda.

—Parece que están vivos —comenta tu amiga.

—Adrionopoulos hablaba de una esmeralda, así que el objeto verde debe de ser el talismán. Imagino que el hombre del trono es Héctor. No veo bien los detalles desde aquí.

—Volvamos a la galería principal. No me gustan nada esas pinturas.

Si quieres acercarte para ver con más detalle el mural, ve a la página 42.

Si crees que es mejor volver como dice Irene, ve a la página 97.

Intentas dar un paso al frente, pero tu cuerpo apenas responde. Aunque no quieras admitirlo, estás aterrado. La experiencia que estáis viviendo es extraordinaria y no sabéis qué os puede deparar. Antes de que se decidan a actuar, te diriges a los extraterrestres, dos humanoides de formidable estatura que levitan sobre el suelo. Su aspecto es sobrecogedor.

—Hemos encontrado la Llave pensando que tan sólo se trataba de una piedra preciosa, de un tesoro escondido. Si hemos hecho algo con ella, ha sido accidentalmente.

Irene asiente nerviosa. Es incapaz de moverse, pero sacude la cabeza arriba y abajo para prestar todo el apoyo posible a tus palabras. Los dos alienígenas ni se inmutan. Te escuchan impasibles y permanecen en silencio unos instantes, hasta que uno de ellos toma en su mano el talismán de Héctor. La gema brilla al entrar en contacto con el guante.

—Celebro que no nos tengáis miedo —dice el llamado Metis—. A juzgar por el ritmo de los latidos de tu corazón, no estás mintiendo.

Deben de tener poderes extrasensoriales o poseer unos sentidos muy desarrollados. O quizá tu corazón late tan fuerte, a causa de la tensión, que pueden escucharlo con sólo aguzar un poco el oído.

—De hecho, vuestra actitud ha sido muy prudente y juiciosa, pero, a la vez, también astuta —interviene Ull Heris, el otro extraterrestre, mientras el fuego de su brillante vara se desvanece. La deja a un lado—. Al entablar diálogo con nosotros, nos habéis dado tiempo suficiente para analizar la sangre que se ha vertido sobre la Llave. Y hemos descubierto algo inesperado.

—Hubo una vez —prosigue el que sostiene la gema—, que gente de nuestra raza acudió a este planeta para explorarlo y actualizar nuestras cartas de navegación. Pero no acataron nuestro reglamento. Cortaron la comunicación con nuestro mundo, para evitar que les encontráramos, y se quedaron a vivir aquí. Fundaron ciudades e interfirieron voluntariamente en el progreso de la especie más evolucionada: la humana. Todo eso está prohibido por nuestras leyes.

—La Llave les permitía invocarnos en caso de necesitar auxilio —continúa su compañero, hilando la conversación—. Nadie nos había llamado desde hacía mucho tiempo: en concreto, unos seis o siete ciclos de nuestro planeta, que equivalen a unos cuatro mil años del vuestro.

Les escucháis maravillados, pues os están contando historias del principio de los tiempos de la civilización y de una especie más antigua que la vuestra. Tanta información os abruma. Irene busca tu mano y la aprieta. Necesita tanto apoyo como tú. Aún no sabéis qué va a pasar.

—Sólo la sangre de un inmortal puede hacer funcionar correctamente la Llave. Pero es tu sangre la que ha caído sobre ella, ¿verdad?

El extraterrestre señala tu dedo herido.

—Sí —contestas indeciso.

Los dos humanoides se quitan la escafandra y dejan al descubierto sus peculiares rasgos. En cambio, tú observas cómo la mancha roja sobre las caras de cristal de la esmeralda se ha secado y ha empezado a desaparecer a medida que aumenta el resplandor intermitente que emite.

La piedra se agita en presencia de los dos alienígenas, que ahora muestran su verdadero aspecto.

—Por tus venas corre sangre inmortal —concluye Metis, el alienígena que guarda en su puño la esmeralda, abrazada por sus cuatro largos dedos—. Eso demuestra que eres descendiente de la Atlántida.

Los extraterrestres os siguen hablando, pasa a la página 45.

Te pegas a tu madre y camináis juntos hacia la puerta principal. Quedáis a resguardo de la lluvia bajo el porche y permanecéis unos minutos en silencio, esperando. No tarda en aparecer otro vehículo.

El coche se detiene junto a vuestro todoterreno. Un señor de traje se apea, abre un paraguas y ayuda a salir de la parte trasera a una chica con un impermeable naranja que le acompaña. Caminan rápidamente hasta donde estáis y él estrecha la mano de tu madre.

—Buenos días. Agradezco que sea tan amable de enseñarme hoy la propiedad. Me era imposible venir en otro momento.

—No se preocupe. No hay ningún inconveniente.

—Irene, ¿quieres quedarte fuera? —le pregunta el hombre a la chica, que debe de ser su hija.

—Podemos entrar todos si lo prefieren —propone tu madre.

Padre e hija asienten con la cabeza, aunque ella no parece muy satisfecha. Seguramente, al igual que tú, tenía otros planes para el sábado. Le saludas con la mano, en un gesto de complicidad. Ella se limita a sonreír mientras se quita el impermeable mojado.

Una vez dentro, tu madre y su cliente empiezan a ver la casa. Te quedas a solas con Irene en el vestíbulo. Pero estás distraído inspeccionando lo que te rodea. Todo el mobiliario es muy antiguo, aunque quedas fascinado en particular con la decoración.

Para empezar, la casa parece más grande por dentro que por fuera y hay una chimenea en el amplio vestíbulo, algo que te parece muy extraño. El techo está adornado con un friso de escayola muy elaborado, que incluye figuras talladas representando a todo tipo de criaturas, algunas reales como leones y otras imaginarias como centauros.

De las paredes no cuelgan cuadros, sino que se han incrustado obras de mampostería que se extienden por las esquinas como si fueran las raíces, el tronco y las ramas de árboles. A tu espalda, sobre el dintel de la puerta, se han labrado unas máscaras muy extravagantes que te recuerdan a bustos de rinocerontes, unicornios y otras fieras. A pesar de todas estas particularidades, la estancia resulta luminosa y tienes la sensación de que es un hogar confortable.

Cuando tu madre se dispone a subir por las escaleras para enseñarle al padre de Irene la segunda planta, os hace una sugerencia.

—¿Qué os parece si nos esperáis en esa habitación? Es la biblioteca.

—De acuerdo —respondes, con la esperanza de que la biblioteca tenga algo interesante que ofreceros.

Caminas hacia la puerta que ha señalado con el brazo y giras el picaporte. Antes de abrirla, observas que en el hueco de la escalera por la que han subido tu madre y el padre de Irene hay una pequeña puerta, aparentemente cerrada con llave. Supones que se trata de un trastero o algo parecido y no le das importancia. Empujas la hoja de la puerta y entras en la biblioteca con Irene.

Una vez dentro de la biblioteca, te invade una gran sensación de estupor. Irene no puede evitar lanzar una mirada de admiración. A pesar del polvo acumulado y de las telarañas que penden del techo como en el resto de la casa, la biblioteca es sencillamente impresionante. En sus innumerables estanterías hay cientos de libros antiguos y rollos cuidadosamente ordenados, aunque en los huecos y rincones aparecen apilados unos sobre otros.

Irene prueba a pulsar el interruptor, pero la lámpara de brazos retorcidos que cuelga en medio de la habitación permanece apagada, como cabía esperar. La casa lleva mucho tiempo abandonada y no hay flujo eléctrico. Debido a las nubes que cubren el cielo, por la ventana no entra luz suficiente para apreciar los detalles, pero para eso tienes tu linterna. La enciendes y diriges el foco hacia las hileras interminables de libros que cubren las paredes de arriba abajo.

—Fíjate en eso —le dices a Irene llevando el haz de la linterna hacia las juntas que soportan los estantes. Son columnas de madera en las que se han labrado serpientes que parecen reptar hacia arriba. En su extremo superior, rozando el techo, se yerguen gárgolas y cabezas de criaturas desconocidas.

Una larga escalera de mano se apoya en una de las estanterías y permite acceder a los estantes más altos. Cuando estás a punto de subir, Irene ya ha trepado por ella, pese a carecer de linterna. Dos metros más arriba, se detiene a repasar los títulos de los libros, inscritos con letras doradas en sus lomos.

—¿Quién vivía aquí?

—Un tal Adrionopoulos —le respondes, disimulando el fastidio que te ha causado su actitud-. Por lo visto era un tipo muy raro.

Tras una primera ojeada, piensas que la biblioteca sólo puede contener enciclopedias, pesados tomos de divulgación filosófica y otros libros aburridísimos. Pero esa idea desaparece de tu cabeza en cuanto empiezas a leer los títulos: *Maravillas de un viaje alrededor del mundo*, de fray Ángel de Cefalonia; *La verdad sobre los Trece Magos*, de Melquíades el Pensador; *Los hechos venideros*, de Cífeas el Erudito; *La Atlántida y otras civilizaciones desconocidas*, de Hesíodo de Mileto... Quedas fascinado. Los títulos resultan tremendamente atractivos. Algunos son antiquísimos. Te gustaría poder hojearlos todos.

Mientras sigues iluminando despacio las estanterías y observas las secuencias de letras, algunas en idiomas que no sabes interpretar, Irene ha bajado por la escalera con un libro entre las manos.

—Mira.

Lo tiene abierto por una hermosa lámina que representa a un hombre sentado en un trono, en actitud reflexiva, con la mano derecha abrazando su mentón. Tiene la capa enrollada a su cuerpo como una toga, escondiendo quizás ropas bordadas con oro para aparentar más humildad. La encuadernación apenas sostiene los legajos de papel, tan amarillentos y antiguos que parece que van a deshacerse con el contacto.

—¿Qué libro es?

—Las profecías de Elosto —contesta Irene, tratando de traducir alguna palabra—. Creo que está en latín.

—¿En serio? —dices, con más interés—. Déjame ver. Sé un poco de latín.

Probablemente, sepas tanto de latín como tu amiga, pero te apetece presumir un poco. Irene arruga el entrecejo mientras lees alguna palabra suelta a lo largo del texto con ayuda de la linterna. Pero tu mirada se detiene especialmente en el pie de una ilustración con un individuo sosteniendo una gema: Hector rex. Héctor es un nombre propio, tan antiguo como Troya, y la última palabra te resulta familiar gracias a la paleontología y al terrible Tiranosaurio.

—Héctor rey. —Observas la imagen. Su rostro delgado, de facciones duras, y sus manos son como los de cualquier hombre. Su mirada está fija en la gema, de la que parece emanar un gran poder. Quizás fuese mágica. Todo esto pasa por tu cerebro fugazmente—. Creo que he visto antes por aquí un libro con el nombre de Héctor...

Vuelves a dejar el libro en manos de Irene y empiezas a buscar el que has mencionado, para comprobar si es casualidad o tiene alguna relación.

—¿Héctor no será...? MI abuelo me contó una leyenda. Hubo un príncipe llamado Héctor que vivió en Samos durante más de doscientos años.

—¿Cómo puede vivir alguien tanto tiempo? —preguntas asombrado—. Aquí está. El talismán de Héctor. ¡Qué sorpresa!

—¿Por qué?

—Mira quién lo ha escrito.

En la portada de cartón que le enseñas a Irene aparece el rótulo que has leído y la firma de Moses Adrionopoulos, el dueño de la casa. Justo debajo se puede leer en griego:

"Si no estás seguro de querer seguir adelante,
deja cerrado este libro para siempre".

La advertencia te llena de inquietud, pero al mismo tiempo resulta tentadora. De pronto, tienes la impresión de estar introduciéndote en una aventura llena de misterio. La situación se vuelve cada vez más interesante.

Por un momento, vacilas. Estás a punto de abrir el libro, pero finalmente prefieres compartir con tu compañera la responsabilidad de este instante tan crucial. Se lo pasas a Irene y sientes que te liberas de una gran tensión.

Irene coge el libro y acaricia la portada, que tiene las esquinas arrugadas y los bordes deteriorados, como si hubiera acompañado al autor a todas partes, a modo de cuaderno de campo. Entonces, lee en voz alta y detenidamente el mensaje que tú ya conoces.

Irene y tú os disponéis a leer el libro,
pasa a la página 70.

El mural ha captado todo tu interés. Tu curiosidad aumenta cuando te das cuenta de que parece haber algo escrito en la zona inferior. Lo contemplas absorto. Quieres ver si está en un idioma que pueda entenderse.

—Déjame la linterna.

Orientas la luz hacia el pie del muro y se confirma que hay textos inscritos en la piedra. Pero desde aquella distancia resulta imposible leerlos.

—Hay algo en la inclinación de esa pared que no me gusta nada —dice Irene con desaprobación. Chasquea los labios y adopta una mueca de desagrado.

—¿Por qué?

Ella permanece en silencio y te mira con recelo. A pesar de todo, cuando te adelantas impaciente, tu amiga te sigue. Los renglones se empiezan a ver con más claridad, aunque la escritura sigue siendo ilegible, por lo que continúas dirigiéndote hacia el final del pasillo, a sólo dos pasos.

En ese preciso momento, el suelo cede bajo vuestros pies y os precipitáis por un conducto vertical. Dos segundos después aterrizáis aparatosamente en otro túnel. Irene cae sobre ti con un gemido.

—¿Estás bien? —te pregunta preocupada, levantándose con rapidez.

—Sí —respondes, mientras te sacudes la ropa, con desgarrones por todas partes y raspaduras en los codos y las rodillas—. Creo que no me he roto nada.

Recoges la linterna y la enfocas hacia arriba, donde se abre el negro agujero por el que os habéis deslizado.

—Por ahí ya no podemos regresar.

—Qué lástima —lamenta Irene—. Hemos dejado allí el libro.

—Y mi móvil no funciona —protestas irritado—. Debe de haberse roto con la caída.

No tardáis en descubrir que estáis ante una sólida puerta de madera que os cierra el paso.

—Afortunadamente, guardé la llave en el pantalón.

—¿Abrirá esta puerta?

—Vamos a comprobarlo.

Introduces la vieja llave en la cerradura y la giras. En el primer intento parece imposible mover el engranaje interior. Pero la empujas hacia dentro y vuelves a moverla a un lado y a otro hasta que la cerradura cede. La puerta se abre y detrás encontráis otro pasillo recto.

—La llave nos ha servido. Pero mi duda es si estaremos siguiendo el camino correcto —planteas un poco confuso—. ¿Y si hubiera trampas?

—Por si acaso, iremos despacio.

Irene y tú camináis por el largo pasillo, ve a la página 116.

No te detienes a pensar, sino que sigues los impulsos dictados por el miedo. Tienes la sensación de que corréis peligro, tal vez porque, después de todo lo que habéis sufrido para llegar hasta allí, la amenaza actual es más humana y queda representada por esos individuos que os cercan, alzando hachas y espadas. Para no correr más riesgos, coges de la mano a Irene y tiras de ella hacia la oscuridad del arco que tenéis más cerca.

Irene te sigue fielmente, pero no sabe muy bien lo que está pasando. Titubea.

—Espera...

Tu amiga tropieza en un escalón y la presión de su mano se afloja, soltando la linterna. Ésta cae delante, golpea el duro suelo y rebota hasta quedar inmóvil. Pero su foco sigue iluminando el camino.

Sin parar de correr, te agachas para recogerla. Irene también sigue corriendo, aunque intenta mirar atrás para comprobar si os persiguen. Todo está sumido en las tinieblas y no ves nada. Pero tampoco se oyen pasos.

—Vamos, Irene. ¡No te pares!

El pavor se ha apoderado de ti. Habéis superado pruebas difíciles, pero no estás seguro de cómo salir airosos de ésta. De repente, vuestra carrera se ve interrumpida de un modo violento. Sientes un tremendo desnivel y un brusco respingo. Los pies parecen flotar en el aire por un momento, como si estuvieras suspendido en la boca de un pozo.

Caes al vacío, ve a la página 77.

Los rostros de Metis y Ull son alargados y extremadamente pálidos. No se atisba un solo vello en sus caras, carecen de cejas y sus cráneos son calvos. La piel es tan tersa que impide adivinar quién de los dos es mayor que el otro, aunque los pliegues de Metis bajo el ancho y pronunciado mentón le hacen parecer un venerable anciano. Sin embargo, tu preocupación en este momento es otra muy diferente.

—¿Cómo? —dices mientras tu semblante palidece—. ¿La Atlántida?

—Entre tus ancestros tuvo que haber algún hijo de nuestra especie —confirma Metis—. Cuando los exploradores de Ashad, nuestro mundo, visitaron vuestro planeta, fundaron la Atlántida. Vivían allí, enseñando y gobernando a las tribus humanas. Se mezclaron con los nativos.

—¡La Atlántida! —grita Irene empezando a comprender.

—Han transcurrido cientos de años desde entonces. Pero la sangre de nuestros congéneres ha pasado de generación en generación hasta ti.

—No me lo puedo creer —replicas, conmocionado por la noticia.

—De algún modo, estabas destinado a encontrar la Llave, puesto que ninguno de los nuestros parece haber sobrevivido.

El tono de Metis es conciliador y apacigua definitivamente la tensión que había dentro de vosotros. Pero todo lo que está contando os parece inaudito.

—¿Cómo nos podemos entender? —pregunta Irene, convencida de que es imposible que habléis el mismo idioma.

—La traducción es telepática e instantánea —responde Ull Heris, el otro alienígena, que había permanecido callado hasta ahora—. Las ondas cerebrales, que expresan ideas y conceptos, nos permiten comunicarnos con cualquier forma de vida inteligente sin necesidad de dominar su lenguaje.

—¿Quieres conocer nuestro mundo natal? —te dice Metis amistosamente—. ¿El origen de tus antepasados?

La propuesta te deja paralizado. Sólo se te ocurre formular una pregunta.

—¿El viaje es seguro?

—Te transportaremos inmediatamente a Ashad. Ni te darás cuenta. Confía en nosotros.

Lo piensas durante unos segundos más. Esos dos seres te inspiran confianza, pero hace diez minutos no sabías que existían. Además pertenecen a una cultura diferente, por lo que pueden entender las cosas de otra manera. Te preocupa que un viaje de teleportación pueda afectar a vuestro organismo.

—¿Puede venir mi amiga con nosotros?

—Naturalmente —responde Ull Heris.

Si decides rechazar la oferta, pasa a la página 108.

Si eliges ir al planeta Ashad, pasa a la página 14.

Sin pensarlo dos veces, coges a Irene de la mano y abandonas la biblioteca precipitadamente. Cuando estás fuera, te das cuenta de que nunca habías sido tan impulsivo. Te invade la timidez, sueltas la mano de la chica, carraspeas y te sonrojas. Pero sigues caminando hacia la escalera y te detienes justo frente a la pequeña puerta que habías visto antes.

—A esto me refería. Según el plano, al otro lado de esta puerta comienza un pasadizo subterráneo...

—¿Tú crees? ¿Y a dónde podría llevar?

—A algún sitio secreto... Un templo, una tumba o algo así. Ya has visto en el mapa los tres círculos y esa especie de gran salón bajo el círculo grande. Según el plano, había una tercera cruz en medio de ese salón. Creo que ahí vamos a encontrar algo importante, algo relacionado con ese príncipe Héctor.

—Si fuera así, ¿no crees que Adrionopoulos ya se lo habría llevado?

—No perdemos nada por intentarlo. Será emocionante. ¿Vas a acompañarme?

Irene te mira sonriente. Tiene que taparse la boca para reprimir una carcajada.

—Me parece que ves demasiadas películas.

—¿Vas a venir o no?

—Está bien, está bien. Voy contigo —asiente la chica, sin parar de reír—. Ahora comprendo por qué vas vestido así.

—No, no lo comprendes.

Te sitúas frente a la puerta bajo la escalera y la palpas con las manos. Empujas, para ver si cede, pero está cerrada con llave.

—Detrás de esta puerta se esconde algo —aseguras con tono firme. Y piensas que sería una buena frase para un episodio de Archibald Conrad. Ni en su boca hubiera quedado mejor.

Buscas en uno de los compartimentos de tu cinturón de explorador y sacas un alambre retorcido. Es un clip metálico que utilizas como ganzúa. Hasta el momento lo has usado tres veces, en alguna puerta de tu casa, y ha resultado infalible. Pero tal vez no funcione con la cerradura oxidada, con forma de cabeza de león, que tenéis delante. Esperas que no te falle ahora ni te deje en ridículo delante de Irene. Introduces el alambre por el ojo de la cerradura. Lo mueves repetidamente e insistes con suavidad hasta que oyes un chasquido. La puerta se abre e Irene se muestra maravillada. Se ha quedado boquiabierta.

—Eso no ha estado mal.

Pero, después de entrar en el pequeño cuarto que aprovecha el hueco de la escalera, vuelve su desencanto.

—Yo creo que esto es sólo un trastero para guardar las escobas, los cubos y las fregonas.

En efecto, allí dentro se amontonan los palos de viejos escobones. El papel pintado que decora las paredes se abomba en algunas zonas y aparece deteriorado por la humedad en otras.Pero entonces te das cuenta de que al fondo de aquel habitáculo, en el costado más bajo y estrecho, hay un panel de madera que tiene el dibujo del papel al revés. Das dos pasos y lo examinas.

—¡Está suelto! Ayúdame a retirarlo.

Entre los dos, apartáis el panel y dejáis al descubierto un agujero oscuro por el que penetra un molesto olor a cerrado.

—¿Qué te dije?

—¡Un pasadizo! —exclama Irene, asomando la cabeza—. No se ve nada. Está muy oscuro.

—No te preocupes.

Sacas tu linterna, presionas el botón de encendido y la luz perfora la oscuridad del pasadizo. De pronto te sientes muy seguro de ti mismo y le guiñas un ojo.

Comenzáis a andar por el túnel, lentamente, para no tropezar. El foco de la linterna ilumina el camino, pero el terreno es irregular y debéis ir con mucho cuidado.

Al cabo de unos pocos metros, ya os encontráis el primer problema: una encrucijada. ¡Hay dos galerías!

—¿Y ahora qué? —pregunta Irene confusa.

—Habrá que escoger uno de los dos caminos.

El pasillo de la izquierda tiene una pronunciada pendiente hacia abajo y es fácil resbalar en el suelo húmedo por las filtraciones de la lluvia.

El corredor de la derecha parece torcer hacia atrás, como si fuera un pasadizo auxiliar. Te da miedo no elegir bien, pero tenéis que tomar una decisión.

Si eliges la galería de la izquierda, pasa a la página 75.

Si eliges la galería de la derecha, pasa a la página 93.

La linterna ilumina la estancia de los siete túneles. Os acercáis lentamente a esos sujetos de talante tan siniestro. Su aspecto produce verdadero espanto, pero permanecen inmóviles e impávidos. No reaccionan a ningún estímulo. Entonces notáis que su piel es demasiado pálida para que estén vivos.

—Son estatuas —concreta Irene maravillada.

Así es. Un conjunto de estatuas de cuerpo entero os rodean con los brazos extendidos y os contemplan con la frialdad de sus miradas inertes. Están intactas, en perfecto estado, y alguien las esculpió con tanto primor que parecen a punto de cobrar vida.

—Me pareció que se movían —te disculpas con una sonrisa de ingenuidad.

—No seas miedica —se burla Irene en tono cariñoso—. Son sus sombras las que se mueven, ¿ves?

Irene repite el experimento, moviendo para ello la linterna. Sientes una punzada de remordimiento. Ahora te sientes tonto, pero hace un instante habrías corrido hasta tu casa de haber podido.

—Es fabuloso.

El recorrido de la luz por las paredes que hay detrás de las esculturas muestra relieves de animales con formas nunca vistas, como camellos bípedos y criaturas de tres patas que parecen correr tan velozmente como un avestruz. También se distinguen rostros aparentemente humanos. Pero la fisonomía de los personajes representados deja entrever que proceden de países e incluso de mundos distintos.

El suelo que estáis pisando tampoco es liso. Sobre las losas de forma hexagonal se ha tallado una enorme imagen. Al principio, no sabéis qué es, porque la linterna es incapaz de abarcar toda su extensión. Pero, a pesar de sus dimensiones, poco después, te das cuenta de que se trata de algo que habéis estudiado a menudo en la escuela.

—Es Samos.

En efecto, es la silueta de la isla. En su interior contiene algunos detalles reconocibles y cosas que deben de pertenecer a otra época. Es precioso. Ha merecido la pena seguir la tortuosa ruta que habéis encontrado para llegar hasta aquí.

Una ráfaga de aire anuncia la existencia de otra puerta. La brisa parece provenir de la pared de los relieves. Camináis hasta la esquina del fondo, un poco a tientas porque la luz de la linterna ha perdido intensidad y la penumbra hace que su foco parezca ridículo.

—Supongo que sólo podemos ir por ahí...

—Voy a cambiar las pilas antes de seguir.

—Qué precavido —alaba Irene más animada.

Durante unos segundos, mientras extraes las baterías gastadas e introduces las nuevas, quedáis a oscuras. Se te eriza el vello, pensando que pueda haber alguna alimaña rondando por este laberinto y os ataque en este momento.

La linterna vuelve a encenderse. Al recuperar la visión, se apagan un poco tus temores.

—Sigamos —dices con bastante menos seguridad de la que te gustaría. ¿Acaso Archibald Conrad nunca siente miedo en situaciones como ésta?

No puedes ignorar los peligros que estáis sorteando, pero lo cierto es que estáis viviendo una aventura real.

Atravesáis el umbral, dispuestos a desentrañar el misterio de Samos, y accedéis a una habitación vacía. En el centro, la escultura de un unicornio domina la estancia. Su talla es impresionante. Resulta algo más pequeño que un caballo, pero debe de estar representado a tamaño real, si es que los unicornios existieron alguna vez.

La habitación en la que entráis a continuación tuvo que ser muy hermosa. En el suelo reposan varias macetas que bordean el camino hasta la siguiente puerta. Restos de plantas marchitas y renegridas yacen por todas partes. Es una especie de jardín interior o invernadero.

De los muros de la estancia contigua aún cuelgan viejos tapices deshilachados que han perdido el color. En uno de ellos se representa una batalla en la que intervienen dragones y otros monstruos. En algún momento del pasado, el fuego se cebó con los muebles que la decoraban. Dos arcos se abren en los ángulos de una de las paredes. El umbral de la derecha lleva a un patio coronado por una cúpula pequeña, pero no hay salida. El de la izquierda conduce a un nuevo pasadizo.

—¿Te has parado un momento a pensar que todo esto está bajo tierra? —pregunta Irene con asombro.

—Adrionopoulos tenía razón. Estamos en el palacio de Héctor. —Le echas un vistazo al plano—. La cúpula de ese patio tiene que ser uno de los círculos pequeños. Creo que nos estamos acercando a la sala principal.

—Y se supone que allí está el talismán...

Has estudiado la historia de Samos en clase y nada de lo que estáis viendo te resulta familiar. Pero, tras haber cruzado el laberinto subterráneo lleno de trampas, entiendes que haya pasado inadvertido.

Penetráis en el pasillo y dobláis varias esquinas. En cada rincón hay dos senderos posibles, pero uno de ellos siempre está taponado por muebles rotos y podridos, como si alguien hubiera preparado el camino. Continuáis sin titubear. La primera vez a la izquierda, la siguiente a la derecha, la tercera de nuevo a la izquierda y así seguidamente hasta siete veces antes de llegar al final del laberinto. Labrada en la pared lisa del vestíbulo, una larga serpiente bicéfala, de color verde y ojos escarlatas, se contornea sobre sí misma componiendo una figura simétrica. Las dos cabezas del reptil, una en cada extremo de su cuerpo, parecen querer escapar de su encierro en el muro.

—Nunca había visto nada igual.

—Ni yo —contesta Irene.

Al ver con vuestros propios ojos el fruto de la leyenda, quedáis sobrecogidos. Después de todo, la búsqueda no ha sido infructuosa.

Os adentráis en el palacio de Héctor, **pasa a la página 86.**

Eres un chico metódico y actúas con cautela, como haría Archibald Conrad. Abres el libro por la primera página, para revisarlo exhaustivamente. Recuerdas la advertencia de la portada, pero, ¿qué daño puede hacerte un simple libro?

No está escrito a máquina, sino a mano, con plumilla y tinta china. La tinta parece fresca, como si se hubiera escrito recientemente. Todo te resulta fascinante. La letra de Adrionopoulos es difícil de comprender, pero terminas interpretando la mayor parte de las palabras. Tus ojos pasean rápidamente por los párrafos.

—No parece una obra de su invención. Más bien, un trabajo de investigación, como los otros libros que hemos visto. Sin embargo...

—¿Qué?

—Lo narra todo como si estuviera contando una historia. Resulta muy entretenido. Dice: "*Según cuentan las crónicas medievales, entre ellas las memorias de su nieto Giovanni, el príncipe Héctor, de la familia veneciana de los Lione, se instaló en su palacio de Samos, donde residió durante décadas entre los siglos XIII y XIV. Nunca gobernó la isla. Sin embargo, un amplio colectivo de sabios de la época coincidió en proclamarle Rey de los Magos*".

—¿Rey de los Magos?

—Escucha, escucha —pides a Irene, para que no te interrumpa hasta que termines—. "*Muchos de sus partidarios terminarían sus días perseguidos como brujos, por practicar la alquimia, la quiromancia, la clarividencia o cualquier otra disciplina que pudiera llamarse magia.*"

—Quizás él terminó igual —dice Irene, pero niegas con la cabeza y sigues leyendo.

—"*Pero el rey Héctor, cuya morada permaneció siempre oculta (de hecho, lo ha estado hasta nuestros días), era considerado el maestro supremo de las artes arcanas*".

—¿Así que Héctor era un mago? —bromea Irene, incrédula—. ¿Como los que hacen aparecer conejos de una chistera?

—Al menos ya sabemos quién es... ¿Y si fuera verdad?

—Vamos, ¿te vas a tomar en serio todo eso? Este Adrionopoulos podría ser un pobre loco sin más, ¿no?

—Ya, pero... —haces una pausa y te quedas callado unos segundos. Has vuelto la hoja para seguir leyendo, pero el texto no prosigue donde debería hacerlo. En su lugar, hay un párrafo que parece continuar otra frase distinta. Te cercioras de que has pasado bien la página y después lees— "*...venerarla como si fuera la fuente del poder supremo. La gema verde es una gran piedra tallada que parece tener vida propia. Antiguamente, recibió muchos nombres distintos. Por ejemplo, se la menciona como Ojo Sagrado o también como Ojo de Ishtar. Pero, mientras el mago de Samos vivió, hasta su repentina desaparición, todos la conocían como el Talismán de Héctor. Sé que cuesta creerlo, pues yo mismo soy escéptico a todas estas cosas, pero la mayoría de las fuentes coinciden en asegurar, a lo largo de los siglos, que la reluciente esmeralda encerraba una enorme energía y que sólo Héctor era capaz de dominarla y sacar provecho de...*" Otra vez igual.

—¿Qué pasa?

—El texto se corta de pronto, pero no continúa en la página siguiente. Tal vez se trate de un acertijo o esté en clave.

—Vaya, sería divertido que tuviéramos que descifrar un mensaje secreto...

—Entonces, si lo que cuenta Adrionopoulos puede ser tan importante como para dificultar su lectura, estás reconociendo que puede tener algo de verdad.

—O puede ser un juego —replica Irene sin dar su brazo a torcer—. ¿Qué son esas marcas?

En las esquinas superiores, las páginas están numeradas como las de todos los libros. Pero en las esquinas inferiores, tal como ha advertido tu amiga, se distinguen unas pequeñas marcas ininteligibles, hechas también a mano. En cada página hay una combinación diferente de puntos y rayas, pero en algunos casos guardan cierta similitud. Podrían ser tan sólo motivos geométricos o algún tipo de adorno. Sin embargo, rechazas esa idea. Te parece que su significado es más práctico. ¿Para qué iba a decorar Adrionopoulos los folios en los que había recopilado toda la información que había encontrado sobre Héctor?

—Debe significar algo —afirmas rascándote la nuca.

—¿Tú crees?

—Sí, parece seguir algún tipo de lógica...

—Ahora que lo dices, la posición de los puntos y las rayas no parece que se deba a la casualidad.

—Quizá sirva para leer ordenadamente las anotaciones de Adrionopoulos y comprenderlas completamente.

—O tal vez sólo sea una tomadura de pelo.

Cruzas una mirada con Irene y te percatas de la desconfianza que hay en sus ojos. Tendrás que demostrarle que tienes razón. O puede que sea ella quien la tenga.

Le das a Irene una oportunidad y le cedes el libro, pasa a la página 59.

Si quieres seguir analizando tú mismo las marcas, ve a la página 8.

Sin cerrar el libro, se lo das a Irene. Pero antes extraes la lámina con el plano para estudiarlo con más atención. Mientras tanto, tu amiga pasa las páginas como si buscara algo concreto.

—¿Qué te parece si vamos a ver la puerta que hay bajo la escalera? —le propones.

—Está bien. Ya me he cansado de tanto libro raro...

Irene deja el volumen de Adrionopoulos. Pero tú decides llevarte el mapa. Abandonáis la biblioteca y os situáis frente a la puertecita del hueco de la escalera. Se oye a vuestros padres, que charlan en la planta superior.

—Está cerrada —advierte Irene, tirando del pomo redondo.

—Intentaré abrirla.

Buscas en uno de los compartimentos de tu cinturón de explorador y sacas un alambre retorcido. Es un clip metálico que sueles utilizar como ganzúa. Hasta el momento no te ha fallado, aunque nunca lo has usado fuera de casa.

Introduces el alambre por el ojo de la cerradura, lo mueves dentro repetidamente e insistes con suavidad hasta que oyes un chasquido. La puerta se abre.

—Buen truco —confiesa Irene maravillada.

Sin embargo, lo que encontráis en el interior no es más que un decepcionante trastero, en el que se amontonan viejas escobas y fregonas y algún cubo de plástico. Irene te observa desengañada mientras tú palpas con los dedos el papel pintado de las paredes sin rendirte ante lo que parece evidente.

Golpeas con los nudillos cada sección de pared hasta que la zona del fondo te devuelve un sonido más fuerte.

—Está hueco.

Irene te ayuda a retirar el panel de madera suelto que cubre el fondo del trastero. Ambos quedáis sorprendidos al descubrir el agujero negro que se abre detrás.

—¡Un pasadizo! —exclama Irene—. Está muy oscuro.

—No te preocupes.

Sacas tu linterna y la enciendes. Penetráis en el túnel, vigilando cada paso para evitar tropezar, porque el terreno no es completamente llano. La luz de la linterna perfora la oscuridad del pasadizo y os ayuda a orientaros.

Al cabo de unos pocos metros, encontráis el primer problema: una encrucijada. ¡Hay dos galerías!

—¿Y ahora qué? —pregunta Irene confusa.

—Habrá que escoger uno de los dos caminos.

El pasillo de la izquierda tiene una pronunciada pendiente hacia abajo y es fácil resbalar en el suelo húmedo por las filtraciones de la lluvia. El corredor de la derecha parece torcer hacia atrás, como si fuera un pasadizo auxiliar. Pero, según el plano, luego es más recto que el otro.

Si eliges la galería de la izquierda, pasa a la página 75.

Si eliges la galería de la derecha, pasa a la página 114.

Ayerbe

Actúas con calma, sin permitir que te dominen los nervios. Tragas saliva y respondes, aunque presientes que se te va a trabar la lengua y las palabras no van a salir de tu boca.

—Hemos sido nosotros —confiesas con voz temblorosa—. Pero no queríamos hacer nada malo...

Los dos alienígenas se quitan los cascos y dejan al descubierto una piel azulada muy tersa. En sus rostros delgados y alargados resaltan los mentones, muy acentuados, los ojos, sin cejas, y las bocas, pequeñas y carentes de labios. Sus cráneos son calvos y sus orejas tienen grandes lóbulos. Su fisonomía infunde respeto, pero no miedo. Les miráis estupefactos.

—Yo soy Metis Atrahasis —dice el que parece más anciano, pues bajo la barbilla le cuelgan pliegues de piel—. Me acompaña Ull Heris. Somos jueces de Ashad, nuestro mundo, que pertenece a una galaxia muy lejana. Tenemos como cometido salvaguardar el equilibrio cósmico. Nuestra especie explora el universo desde el principio de los tiempos y utiliza las Llaves para comunicarse con su mundo natal cuando los miembros de una expedición corren peligro. Hace mucho tiempo que perdimos contacto con el grupo que vino a inspeccionar este sector, cuatro milenios atrás.

—No sabemos nada de eso —añade Irene aturdida por la cantidad de tiempo de la que están hablando con tanta naturalidad, como si hubiera pasado ayer.

—Parecéis sinceros —admite—. Tal vez se extinguieron, o tal vez tuvieron problemas pero no pudieron avisar.

—Lo curioso —dice su compañero— es que hace poco recibimos otra llamada de la Llave, desde este mismo lugar. Nos sorprende mucho que vuelva a ser un humano quien la haya activado de nuevo.

La gema flota por sí sola y queda suspendida en el aire durante un instante, hasta que el alienígena llamado Metis la coge.

—¿Quién os llamó la última vez? —te atreves a preguntar, aunque empiezas a sospechar la identidad de esa persona.

—Se llama a sí mismo Moses Adrionopoulos —contesta Metis con indiferencia—. Pero creo que es mejor que él mismo os aclare todas las dudas.

Un nuevo punto de luz brota entre los dos extraterrestres y una silueta humana cobra forma. Un hombre de avanzada edad que luce una venerable barba blanca, despeinado y vestido a la moda de dos décadas atrás, cruza una mirada con vosotros y sonríe desconcertado.

—¿Señor Adrionopoulos? —exclamáis al unísono Irene y tú, perplejos ante lo que acaba de suceder. Los extraterrestres habían abducido al dueño de la casa de la colina y lo han devuelto a su hogar después de más de quince años. Pero no ha envejecido.

—¿Dónde ha estado todo este tiempo? Se le creía muerto —dices asombrado.

—Hola. Nuestros amigos me habían llevado de visita a su planeta. Ha sido un viaje fabuloso. No puedo describir todo lo que he visto y he aprendido durante mi ausencia...

—¿Ha viajado a otro planeta?

—Sí, es tan diferente a lo que tenemos aquí... Tres soles dan luz a Ashad, por lo que nunca hay noche. Pero ellos viven en ciudades subterráneas que atraviesan la corteza rocosa...

—Por lo que leímos en su diario, creíamos que nunca se atrevió a usar el Elixir de los Inmortales —dice Irene.

—Pues ya veis, al final completé la misión. Pero dejé olvidado el libro en mi biblioteca. Por lo que me estáis contando, lo encontrásteis vosotros —aprovechas la ocasión para recogerlo del sitio donde lo habías dejado, el pedestal de la estatua, y se lo entregas—. ¡Ah, aquí está! Gracias. Es una suerte, porque tengo mucho que escribir en él. ¡Y yo que al principio pensaba que todo esto no eran más que leyendas!

Adrionopoulos se acerca a vosotros sonriendo y os da una suave palmada en el hombro a cada uno. Está satisfecho de su experiencia.

—Os estoy muy agradecido. Es posible que si no hubiéseis seguido mis instrucciones hasta el final, jamás habría podido regresar. Los jueces de Ashad no suelen despilfarrar la energía necesaria para llevar a cabo un teletransporte si no hay motivo para hacerlo.

—Amigos humanos —interrumpe Metis, enseñando la gema verde, que se agita y titila. En su enorme mano, la gran esmeralda parece diminuta—. Debemos marcharnos. Esta vez nos llevamos la Llave. La habíamos dejado antes por si quedaba algún superviviente de la expedición. Pero puede ser usada como arma y sería peligroso que cayera en poder de alguien con malas intenciones. Vivid en armonía.

—Id en paz —replica Adrionopoulos levantando el brazo para despedirse.

Un momento después, ya no queda ni rastro de los alienígenas. El científico que todos creían un pobre chiflado se agacha para recoger el frasco del Elixir de los Inmortales, que ha quedado en el suelo y ha derramado casi todo su contenido.

—Se han olvidado de esto. Aún queda algo. La sangre de esos seres es azul. Y nunca se seca, ¿no es formidable?

—¿Qué haremos ahora, señor Adrionopoulos?

—Revelaremos el descubrimiento del palacio, hijo. Pero, si estáis de acuerdo conmigo, es recomendable que no contemos nada de todo lo demás o nos tomarán por locos.

—¿Cómo se hizo Héctor con la sangre de un inmortal?

—Esa es una historia larga de contar...

—Entonces será mejor que nos la cuente en otra ocasión, señor —le dices con tono respetuoso—, porque mi madre está a punto de vender su casa.

—¿Cómo? —refunfuña Adrionopoulos consternado—. ¡Eso no debe ocurrir!

Acto seguido, el viejo erudito baja por la trampilla de acceso acompañado de vosotros y corre por la galería para intentar evitar que suceda tal fatalidad.

FIN

Durante un instante, dudas sobre la decisión a tomar. Tal vez no haya tiempo para todo. No podéis quedaros para siempre en Ashad.

—Todo esto es maravilloso —valora tu amiga.

Admites que tiene razón. Estáis viendo cosas que no seríais capaces de describir, cosas que no podríais imaginar ni en vuestros sueños más extravagantes. Todo es terriblemente excitante. Ni siquiera Archibald Conrad puede haber vivido una experiencia como ésta.

Las palabras de tu amiga Irene te ayudan a encontrar la respuesta.

—Nos gustaría seguir viéndolo todo desde arriba, ¿verdad, Irene?

—Sí, me parece bien.

Metis asiente y Ull manipula las extrañas palancas del panel de mandos, que se comprimen o se alargan al presionarlas o tirar de ellas, y la plataforma continúa surcando los aires. Seguramente nunca comprenderás la personalidad de estos seres. Aparentemente, entre Metis y Ull hay pocas diferencias, pero en el fondo cada cual tiene su carácter.

Las fachadas de metal sobre pilares de piedra se suceden bajo vosotros. La arquitectura y el tipo de material utilizado hacen que la mayoría de las construcciones parezcan fortalezas o castillos. Las piezas de metal que decoran o ayudan a mantener en pie los edificios relucen al reflejar las numerosas luces de la gigantesca caverna, que titilan como luciérnagas. Toda la ciudad brilla en la semioscuridad.

Eso reemplaza perfectamente la belleza de los amaneceres y los atardeceres de que carece este planeta de luz perenne. A pesar de lo sofisticada que es esta civilización y de las muestras de desarrollo impresionante, tienes la contradictoria sensación de que el entorno permanece inalterado, de que la ciudad se ha adaptado al paraje y sólo sufre variaciones si cambia el paisaje a su vez.

Poco a poco, vais dejando atrás los edificios y os acercáis a los límites de la ciudad. En el muro de roca que linda con las últimas viviendas se distinguen hileras de ventanas. Son tantas que no se pueden contar. Hay construcciones excavadas en la roca viva y están habitadas.

—Son nuestras incubadoras —irrumpe Metis antes de que planteéis vuestras dudas—. Ahí se gestan nuestros descendientes. El índice de natalidad en Ashad es bajo, una medida natural para contrarrestar nuestra longevidad e impedir la superpoblación. Pero no perdemos a ninguno de nuestros recién nacidos, a pesar de que vienen a la vida muy inmaduros para valerse por sí solos. Les prodigamos los mejores cuidados.

De repente, os sorprende un bramido estruendoso. La plataforma se balancea, aunque no pierde en ningún momento la horizontalidad. El ruido se repite y hace vibrar de nuevo la plataforma flotante.

—No os asustéis —ruega Metis tendiendo las manos para calmaros—. Ahora veréis de dónde viene ese sonido.

Bajo el techo de la caverna, avistáis un océano interior. Su oleaje es encrespado, pero os llama mucho la atención la lentitud con que rompen las olas, como si el agua fuera excesivamente espesa. Salientes y agujas de roca negra contienen al enorme lago.

El ruido que estáis escuchando procede de otro lado. En el suelo de la gruta se abren precipicios con una caída de decenas de metros. Una corriente de vapores circula en una brecha abierta en la roca. Los gases fluyen por el estrecho cañón como un río y serpentean entre acantilados rocosos.

Remontáis su curso para rastrear el cauce, hasta que llegáis a una pronunciada curva donde la corriente de gases gana velocidad y choca contra las escarpadas paredes violentamente. Es entonces cuando el río gaseoso se desborda por las orillas formando una nube y ruge como un animal monstruoso. A veces, la colisión es tan fuerte que vuestra plataforma oscila bruscamente. Todo en Ashad resulta exageradamente más grande que en la Tierra.

—Este desfiladero es célebre por las piezas que se cazan —explica Ull con sosiego—. A menudo, basta con soltar una red de plasma para atrapar millones de ellos y llenar nuestra despensa durante bastante tiempo.

Más de una vez te habías preguntado qué comían estos seres. Pero, mientras te lo está contando, no terminas de entenderlo. Sigues contemplando los vapores que colapsan el cañón hasta que te percatas de que el río de vapor se mueve como si estuviera vivo, como una bandada de pájaros. Es un enjambre de criaturas sin forma corpórea.

Te cuesta creerlo. Es una forma de vida completamente diferente a la humana, a cualquier animal que pueble la Tierra, incluso a Metis y Ull. Se trata de una especie que se extiende a su capricho por las grietas rocosas y cuyos movimientos de expansión provocan ondulaciones del aire.

La ansiedad por saber más te hace ser imprudente. Quieres observar más de cerca el río de vapor y te acercas demasiado al borde de la plataforma.

—Ten cuidado —advierte Metis con inquietud.

El aviso llega demasiado tarde. Una fuerte descarga del río alcanza la plataforma y el impacto le hace perder la estabilidad. Pierdes el equilibrio y Metis, que arrastra sus pies hacia ti, no llega a tiempo para impedir que te golpees la cabeza contra algo duro. El golpe es doloroso y tus ojos se cierran involuntariamente. Te quedas sin sentido.

Pierdes el conocimiento, pasa a la página 107.

—¿Tienes miedo? —te pregunta en tono de burla, para provocarte un poco.

—No, nada de eso —niegas rotundamente, meneando la cabeza—. Quería seguir buscando algún otro libro que tenga referencias del príncipe Héctor.

En efecto, mientras Irene se ha sentado en una silla junto a la sucia mesa con el libro sobre ella, tú recorres las estanterías con la vista, intentando descifrar en los títulos algo que se parezca al nombre de ese personaje.

—¿Qué será eso del talismán? —piensas, planteando la duda ante tu ensimismada amiga, que sigue examinando el aspecto de la obra de Adrionopoulos—. ¿Por qué escribiría sobre ese tal Héctor?

—Tal vez sea una novela —sugiere Irene—. Pero yo diría que no llegó a publicarla.

—"*Y sobre el Grande se cernirán las tinieblas y su morada será acosada por los demonios*" —lees en otro volumen que has sacado de su hueco en un estante—. "*Será una guerra cruel y el mal derrotará al soberano para conquistar el trono pese a los héroes que le ayudarán*".

—¿Qué es eso?

—Una traducción de *Las profecías de Elosto* que antes encontraste. Pero no hay quien las entienda... Vaya forma de expresarse. Parecen mensajes en clave o algo así.

—Es verdad.

Irene abre el libro de Moses Adrionopoulos al azar. Lo hace por una página en la que una cartulina está haciendo de marcador.

A/O

Por un instante, estudia la hermosa caligrafía de los textos. Deben de estar escritos de puño y letra por el autor. Pero lo que más llama la atención de la chica es el diagrama dibujado en la cartulina.

—A ver, ¿qué tienes ahí? —dices, acercándote a ella. El repentino silencio de Irene ha captado tu atención.

—No lo sé. No lo entiendo —reconoce la chica, rozando con la yema de los dedos los trazos de carboncillo hechos sobre la cartulina—. Es un dibujo bastante raro.

—Seguro que tiene algún significado.

—¿Tú crees?

—Tal vez. Aunque podría ser cualquier cosa —opinas sin convicción—. Adrionopoulos estaba un poco chiflado.

En la parte superior de la imagen aparece un gran óvalo y dentro tres círculos dispuestos simétricamente, formando un triángulo; dos de ellos son bastante más pequeños. Dentro del óvalo se entrecruzan una serie de líneas irregulares que definen rectángulos, a veces alargados y otras casi cuadrados. En la parte inferior del dibujo, se distingue un rectángulo de tamaño considerable, aunque más pequeño que el óvalo, con infinidad de líneas que dividen su interior. Este rectángulo y el óvalo están conectados por un conjunto de líneas que se extienden paralelas entre uno y otro. Intentas pensar como lo haría Archibald Conrad. Entonces, la idea surge en tu cabeza espontáneamente y lo deduces.

—¡Ya está! ¡Es un mapa!

—¿Estás seguro?

—Creo que sí. Fíjate bien.

—¿Y un mapa de qué?

—De parte de esta isla.

Le explicas lo que has pensado, lo que puede significar cada uno de los objetos del diagrama. Al principio, Irene parece algo decepcionada por tu falta de seguridad, pero luego la vas persuadiendo.

—Estos círculos... no sé lo que son, pero diría que la línea que cruza todo el dibujo, de izquierda a derecha, pegada al óvalo, es la costa, porque arriba lo que hay son unas ondulaciones, como si fueran olas. Las líneas paralelas... deben de ser pasadizos subterráneos. ¡Y el rectángulo grande es un plano de esta casa!

—¿Cómo lo sabes?

—Por la distribución de las estancias en que queda dividido el rectángulo. En realidad, es un plano de la planta baja. Mira, esto que parece una cruz está marcando precisamente el lugar donde estamos, la biblioteca.

—El lugar donde hemos encontrado el libro —admite Irene sorprendida—. ¿Y esta otra cruz?

—Está justo al otro lado de la puerta de la biblioteca.

—¿Qué será?

Meditas durante un instante, tratando de ubicar el lugar exacto que señala la segunda cruz. Mientras tanto, Irene ha localizado otra más arriba, sobre un pequeño cuadrado que se encuentra más o menos en el centro del círculo mayor.

De pronto, recuerdas un detalle en el que no has reparado antes. Cuando ibais a entrar en la biblioteca, algo llamó tu atención.

—¡Ya lo sé! Es la puerta bajo la escalera.

—Es verdad, la he visto antes. Podríamos echar un vistazo. Aunque este libro está lleno de cosas interesantes.

Si sientes curiosidad y decides averiguar qué hay bajo la escalera, pasa a la página 47.

Si prefieres seguir examinando el libro, pasa a la página 55.

Al principio dudas, porque esperabas que el camino ascendiera hacia la cima de la montaña. Pero, finalmente, tomas el pasillo de la izquierda, que parece una prolongación de la galería principal. Das un paso adelante, seguido de tu amiga.

Irene camina apoyando las manos en la pared lisa del túnel, para no resbalarse.

—Todo esto parece excavado en la roca. ¿Quién lo habrá hecho?

—No tengo ni idea —confiesas desorientado.

Empezáis a descender por el túnel. Irene va junto a ti, porque la oscuridad es completa y el foco de la linterna alumbra muy poco. De repente, vuestros pies se enredan en una cuerda y estáis a punto de caer. Pierdes la linterna, que rebota contra el suelo de piedra, aunque, afortunadamente, no se rompe y sigue iluminando.

Inmediatamente, oís un gran estruendo detrás de vosotros y sentís un temblor que sacude toda la galería. Se ha formado una gran nube de polvo que dificulta la respiración. Has tenido el tiempo justo de agacharte para recoger la linterna antes de que la tierra que se ha desprendido del techo la sepulte.

Cuando todo se detiene y se asienta un poco el polvo, intentas averiguar qué ha sucedido.

—Espera aquí un momento —le pides a Irene.

Retrocedes unos metros, hasta el punto donde se bifurcaba el pasadizo. Todo se ha llenado de escombros y resulta imposible volver atrás o tomar la otra galería.

—Estamos atrapados —le dices a Irene cuando vuelves a su lado—. El camino por el que hemos venido ha quedado bloqueado. Se ha derrumbado parte del techo. Creo que hemos activado una trampa.

—¿Una trampa? Es peor de lo que pensaba. Entonces, sólo podemos seguir adelante.

—Así es.

—Cómo me arrepiento de haberme metido aquí sin saber a dónde íbamos...

—Ahora que lo dices, habría sido mejor quedarse en la biblioteca.

—Nuestros padres se preocuparán si tardamos mucho tiempo en salir de aquí.

—Encontraremos una salida —aseguras para tratar de tranquilizarla. Pero en realidad estás muy inquieto. Lanzas un suspiro y resoplas con tristeza—. Esto tiene que llevar a alguna parte.

—Sigamos. Es lo único que podemos hacer.

Atemorizados, reemprendéis la marcha. La situación se ha vuelto muy seria. Lo que había empezado como un juego emocionante se ha convertido en una aventura peligrosa. Intentas pensar en tu héroe, en cómo afrontaría Archibald Conrad aquel revés.

—¿A dónde llevarán estos pasadizos? —susurras, con voz temblorosa—. Si alguien se preocupó de tender trampas es porque ocultan algo muy valioso.

—Espero que no haya más sorpresas —comenta Irene.

En ese momento, el suelo parece abrirse bajo vosotros. Caéis sentados y os precipitáis por el agujero, impulsados por vuestro propio peso. La inclinación del túnel se hace mucho mayor y se transforma en un tobogán.

Os deslizáis a una velocidad vertiginosa, con una sensación de miedo y tensión, pues no tenéis ni idea de hacia dónde os dirigís y es imposible parar. No hay nada a lo que agarrarse.

Para colmo, has perdido la linterna y os movéis sin control por un tubo negro. Oyes los gritos de Irene, detrás de ti, y la imitas con desesperación. Soltáis un alarido mientras os deslizáis por el conducto, que parece no tener fin. Temes por vuestras vidas.

Repentinamente, surge un punto de luz unos metros más abajo. Pasan unos segundos y un fogonazo os deslumbra mientras salís despedidos del túnel. Sobrevoláis algunos matorrales y aterrizáis, rodando sobre vosotros mismos, en una duna blanda que amortigua el golpe de la frenética caída.

Irene se remueve ligeramente y entreabre los ojos.

—¿Estás bien? —te pregunta, apoyada en la arena sobre los codos.

—Creo que sí —respondes, mientras te incorporas, tambaleante y con la espalda dolorida—. Aunque tengo los brazos llenos de arañazos.

—Yo también.

De hecho, los rasguños de tus antebrazos y tus manos no son nada comparados con los desgarrones en la ropa.

Las aristas del túnel te han dejado surcos rojos en la piel que tardarán en cicatrizar. Te preguntas cómo se lo explicarás a tu madre.

Miras a tu alrededor y ves que estáis en una playa. Habéis bajado por el interior del acantilado hasta una de las calas que salpican el litoral. El aguacero que estaba cayendo ha parado.

Trepas el muro vertical como una araña, agarrándote a los salientes de la roca. Intentas escalar por el precipicio para localizar el orificio por el que habéis salido, pero no lo encuentras. La vegetación lo cubre todo.

Vuelves agotado al lado de Irene, que ha estado haciendo su propia búsqueda.

—Me parece que nuestra aventura se ha acabado aquí.

—Lo peor es que ahora tendremos que buscar la manera de volver a la casa —advierte Irene preocupada—. El viajecito nos ha llevado muy lejos.

—Nos queda un rato de caminata. Pero, al menos, seguimos vivos.

Reís más tranquilos y comenzáis a recorrer la playa para hallar un camino hacia arriba.

FIN

Por un momento, piensas que ya has estudiado lo suficiente el plano. Prácticamente, te lo sabes de memoria. Pero el libro y el mapa arrojan muchísima información que puede resultar útil.

—Tienes razón. No sabemos qué vamos a encontrar cuando emprendamos la búsqueda.

Durante unos instantes, paseas por la biblioteca y recopilas mentalmente todo lo que habéis leído. Tu mirada recorre las filas de libros que tapizan las paredes. Mientras, piensas en el príncipe Héctor, en su talismán y en los pasadizos que parece haber bajo la casa y que deben de conducir hasta la antigua morada del Rey de los Magos.

Cuando vas a abrir otra vez el libro en busca de la cartulina donde estaba trazado el plano, das un traspié, se te escapa de las manos y cae al suelo con gran estrépito. Irene lo recoge con cuidado y entonces se da cuenta de que algo asoma por el borde del lomo, algo que estaba oculto entre la costura de los folios y el cartón de la cubierta.

Es un tubo de metal oxidado y tiene algunas muescas en el extremo que estáis viendo. Al sacarlo del todo, descubrís que se trata de una vieja llave y que está atada a otra cosa mediante un hilo. Tiráis de él y encontráis una lámina plegada de papel transparente, de la misma longitud que una página del libro. La desdobláis con delicadeza, para no romperla.

—¡Otro mapa! —exclama Irene perpleja.

Aquel hallazgo la ha convencido de que Adrionopoulos no escribió su libro por mera distracción. Las líneas principales de este plano recuerdan mucho al primero que habéis visto.

No tardas en deducir la conexión entre ambos.

—Esto te va a gustar —dices mientras superpones el nuevo mapa sobre el otro—. Adrionopoulos sabía cuál era el camino correcto. Mira esta línea con flechas.

—¡Vaya! Lo dejó indicado a quien encontrara todas las piezas del rompecabezas.

—¿Vamos entonces?

—¿Avisamos a nuestros padres?

Si lo hacéis, probablemente os impedirán emprender la expedición. Y no tenéis tiempo que perder.

—Ahora mismo están ocupados, pero les dejaremos una nota en la biblioteca por si tardamos.

Antes de ir hacia el hueco de la escalera, vuelves a mirar el mapa, para aprenderte la disposición de los pasadizos y de la sala a la que se supone que debéis llegar. Gracias a esto, te das cuenta de que hay pasillos que no os llevarían a ningún sitio y debéis evitarlos. Pero, además, observas que, al superponer un plano sobre el otro, la cruz que señala vuestra posición en la biblioteca ha cobrado un nuevo sentido. Pasas las hojas del libro con rapidez, hasta que encuentras un apartado titulado "*Descripción de los túneles*".

—Espera, Irene. No tenemos que ir por ahí. Escucha esto: *"Hay caminos más seguros que otros. Algunas galerías están sembradas de trampas"*.

—¿Qué hacemos entonces?

—Si miras el plano, verás que hay una línea de flechas que parte de la cruz dibujada en la biblioteca.

—Eso quiere decir...

—...que hay una entrada aquí mismo.

—¡Exacto! —exclama Irene con alborozo—. Ahora lo entiendo.

—¿A qué te refieres?

—Antes he notado que el suelo sonaba diferente junto a la ventana —explica la chica, poniéndose en cuclillas en el sitio que ha descrito—, justo donde está esta alfombra.

Es una alfombra pequeña. Le ayudas a retirarla y, bajo el polvo, distinguís perfectamente las ranuras de una trampilla. En uno de los lados tiene una pequeña argolla. Tiráis de ella y, aunque al principio os parece muy pesada, finalmente la tapa se levanta.

—Aquí está —confirmas satisfecho.

Irene está radiante. La indiferencia que mostraba inicialmente se ha desvanecido. Ahora comparte contigo la emoción de la aventura. No se lo piensa dos veces y baja por la escalerilla vertical a la que da paso la trampilla.

—Ten cuidado, la madera está medio podrida...

—Me alegro de no pesar demasiado —dices contento, mientras le echas un último vistazo a la descripción que hace Adrionopoulos del pasadizo.

—Esto está muy oscuro —se queja Irene desde abajo. Su voz suena con eco—. No veo nada.

—No te preocupes —respondes sacando tu linterna del bolsillo del chaleco. La enciendes y se la ofreces a tu amiga—. Toma.

Mientras ella inspecciona lo que le rodea con el foco de la linterna (para tu sorpresa, es mucho más valiente que tú y no le teme a las arañas o a las cucarachas que pueda haber por ahí), te cercioras de que tu móvil funciona.

—¿Vas a hacer una llamada ahora?

—No, voy a activar el dispositivo GPS para conocer nuestra posición en todo momento, aunque no sé si podemos fiarnos de la señal ahí abajo.

—¡Vaya móvil que tienes!

—Se lo pedí a mis padres por mi cumpleaños. Es un modelo barato y falla bastante, pero me sirve para mis excursiones.

—¿Te queda suficiente batería para la linterna?

—Tengo pilas de repuesto. Las recargué ayer.

Irene asiente con la cabeza apreciando tu previsión. No tardas en bajar a su lado, pero antes recoges el libro de Adrionopoulos, con los dos planos superpuestos, y la llave, que guardas en un bolsillo. Ella te devuelve la linterna. Cuando empezáis a recorrer la galería, consultas la brújula de tu reloj para confirmar que se extiende hacia el norte de la isla.

—¿Eso también te lo han regalado tus padres?

—No, me lo compré con mis ahorros.

Irene te mira extrañada. Seguramente, lo que más le sorprende es que seas tan organizado y recuerdes lo que llevas en cada bolsillo sin equivocarte. Como te ve en apuros, con las manos tan ocupadas entre el libro, la linterna, el móvil y la brújula, aprovecha tu distracción para arrebatarte la linterna.

A partir de este momento, es ella quien va dirigiendo la marcha, iluminando el espacio de delante con el foco. El pasadizo es ancho, pero avanzáis con precaución.

—¿De verdad crees que es necesario llevar el libro, con lo que pesa?

—Prefiero cargar con él. Tal vez nos haga falta consultarlo. Hay algo muy raro. Describe con tanta exactitud los pasadizos que da la sensación de que Adrionopoulos tuvo que visitarlos.

—Quizá recogió las descripciones de otras personas, de otra época, en esos libros que fue coleccionando. Según decía, no tuvo el valor de completar la misión.

—Completar la misión... ¿Qué querría decir? ¿Y para qué servirá la llave?

Reflexionas durante unos instantes en la llave escondida en el libro y que encontrasteis por obra del azar.

Durante un largo tramo, seguís caminando lentamente. Para asegurar cada paso que dais, primero miráis al techo y comprobáis que no hay indicios de desprendimientos y luego al suelo, donde el piso sigue siendo firme y continuo.

—¿Quién excavaría estos túneles en la roca de la montaña?

—No tengo ni idea. Por lo que hemos leído deberían conducir directamente al palacio de Héctor.

—Espero que sea su palacio y no su tumba. Esto es tan tenebroso... Parece como si camináramos hacia una cripta.

La actitud de Irene te hace sonreír. Al menos, ya no le parece todo una completa insensatez y ha dejado de poner objeciones. Mientras, vuelves a encender la pantalla de tu teléfono para revisar la posición por satélite. Seguís avanzando hacia los acantilados.

Entonces, llegáis a una bifurcación y os paráis. La galería principal sigue recta hacia delante. En el muro izquierdo se abre otro túnel más estrecho.

—Creo que deberíamos seguir por donde vamos.

—Ilumíname un momento, por favor —le pides a Irene, mientras abres el libro en busca del plano—. Sí, es como suponemos. El itinerario marcado por Adrionopoulos sigue por aquí. Pero...

Estás intrigado con el otro corredor y te gustaría explorarlo un poco. Recapacitas acerca del siguiente paso a dar. ¿No es lo que haría Archibald Conrad para cerciorarse de que no deja nada importante atrás?

Si quieres explorar un poco el pasadizo secundario, pasa a la página 30.

Si decides seguir por la galería principal, pasa a la página 98.

Estás convencido de que al otro lado de la puertecita que has visto debajo de la escalera está la respuesta. Dejas el libro y abandonas la biblioteca. Irene te acompaña, aunque lo hace a regañadientes.

—Tal vez no hayamos leído todas las pistas que Adrionopoulos dejó preparadas...

—Nuestros padres van a bajar de un momento a otro y entonces no tendremos ocasión de comprobar si lo que cuenta es cierto.

—Deberíamos volver por el plano —sugiere ella.

—No nos serviría de mucho. El dibujo era sencillo. Lo he memorizado.

—¿Y si lo que encontramos es un laberinto de galerías y nos perdemos?

—Creía que te gustaba la aventura —protestas en tono de burla—. Recuerdo bien el plano. No había ningún cruce.

—Claro, ¿cómo íbamos a distinguirlo entre ese montón de líneas paralelas que pintó Adrionopoulos? Tan sólo es un borrador mal hecho.

Irene está muy irritada y no se muestra colaboradora.

Si le das la razón y vuelves a la biblioteca, pasa a la página 79.

Si crees que debéis seguir, pasa a la página 48.

Cuatro grandes portales desembocan en la sala principal del monumental palacio. Una majestuosa cúpula, sostenida por robustas columnas, corona la sala circular. Reparas en que la bóveda es la cima semiesférica de la extraña colina que se avista desde el exterior. Está agrietada, pero aún resiste el paso del tiempo. No hace falta usar la linterna. Por las fisuras se cuelan tímidamente la tenue luz del día y la humedad.

El suelo está regado de cascotes desprendidos de las paredes y del techo, que se amontonan en algunos puntos. Pero eso no resta belleza a la fuente central, que una vez fue dorada y relucía como el Sol, y a la gran estatua yacente erigida a su lado. El hombre de piedra, tendido en un ancho pedestal con forma de sarcófago, tiene que ser Héctor. Sus facciones, su barba y la serenidad de su semblante son los rasgos de alguien con talento: el Rey de los Magos, el maestro de las artes arcanas.

Sin embargo, Irene le pierde el respeto muy pronto. Antes de que puedas decirle nada, ha trepado por el costado de la estatua y se encuentra justo sobre su pecho.

—¡Aquí está! ¡El talismán de Héctor!

El eco de su voz reverbera en las paredes y el techo abovedado. Al principio no la comprendes, pues has quedado aturdido por el escenario espectacular que os rodea. Pero luego deduces que el sarcófago es el lugar que marcaba la tercera cruz del mapa. Miras el plano, cada vez más deteriorado a causa del uso, y así es: el cuadrado en el centro de la sala circular.

Finalmente, también tú te encaramas a la estatua y sacas tu navaja multiusos para tratar de desincrustar la enorme esmeralda del torso de Héctor.

—Está bien sujeta.

—Claro, no iba a ser tan fácil llevársela —dice Irene—. ¿No deberíamos dejarla donde está?

Una vez más, te hace dudar. Un buen arqueólogo debería conservar el yacimiento tal como lo encontró. Lo contrario podría confundirse con la acción de un simple ladrón. Habéis encontrado un lugar mítico, un valioso palacio medio en ruinas. Deberías estar eufórico por el éxito de vuestra exploración por los pasadizos que encontró Adrionopoulos, pero, inexplicablemente, te invade una sensación de incomodidad. Es un desasosiego que crece, como si intuyeras que algo va a suceder.

Mientras estás pensando esto, aún sigues forcejeando con la enorme esmeralda, pero no te concentras y actúas con torpeza. Entonces se te escurre la navaja y la hoja te hace un corte en la mano.

Una gota de sangre mana de la yema de tu dedo herido y cae sobre la gema. Inesperadamente, esta reacciona lanzando un intenso destello que resquebraja los bordes de la piedra que la aprisiona. Un rayo tiñe de verde toda la sala, se eleva desde el talismán y se estrella en la bóveda, colándose por las grietas para alcanzar el cielo.

Alarmados, saltáis de la estatua y contempláis cómo se va desvaneciendo el rayo verde. Ves a Irene, que se tambalea y sostiene la linterna apagada sin fuerza en las manos.

Te presionas el dedo para detener la hemorragia y observas que la radiación de la esmeralda te ha chamuscado la piel que ha estado en contacto con ella.

De súbito, se producen un sonido atronador y una luz alucinante, como si algo se hubiera desplazado bruscamente en el espacio y el tiempo y hubiese roto todas las barreras de la física.

Dos figuras espectrales surgen de la nada, delante de vosotros, en mitad de la sala. Un halo brillante las envuelve. Anonadados, sois testigos de su increíble aparición. Pero el pánico paraliza vuestros músculos. Quedáis quietos mientras las dos siluetas se van dibujando en el aire con más nitidez.

Son seres de constitución delgada y de gran estatura. Visten un uniforme gris plateado, con túnicas holgadas. El tejido brilla al reflejar la escasa luz que se filtra hasta el salón por las grietas del techo. Unos cascos esféricos de cristal les enmascaran e impiden ver sus rasgos faciales. Flotan a unos centímetros del suelo y se mueven con completa normalidad, como si estuvieran pisando el pavimento. Algo en la visión de los dos alienígenas resulta abominable, además de desconcertante.

89

La gema se ha soltado y queda suspendida en el aire, a voluntad de los extraterrestres. Esta sucesión de prodigios vence vuestra resistencia. La tensión y la fatiga reaparecen en forma de miedo. Irene menea enérgicamente la cabeza, con los ojos desorbitados y un mohín de disgusto en el rostro.

—¿Quién ha osado ensuciar la Llave?

La voz grave y mecánica surge de algún punto entre los dos seres llegados de otro mundo. Te sorprende que podáis entenderles. Tal vez utilicen la telepatía para comunicarse. En cualquier caso, comprendes que se están refiriendo al talismán de Héctor. De hecho, insisten:

—¿Quién ha vertido la sangre de un mortal sobre ella? ¡Contestad a los jueces Ull Herus y Metis Atrahasis!

No te gusta el tono amenazador que emplean y aún menos la vara de fuego que sostiene uno de los dos, pues se parece mucho a una espada láser. Los actos portentosos de que han hecho muestra hasta el momento te permiten deducir que no sois rivales para ellos. Tenéis pocas opciones.

Si intentas hablar con los alienígenas, pasa a la página 32.

Si quieres defenderte usando como arma lo primero que encuentres, pasa a la página 110.

Si te parece mejor huir a la carrera, pasa a la página 123.

Si crees que es mejor disimular la huída, pasa a la página 127.

En cuanto los dos extraterrestres se hacen completamente visibles y pronuncian esa frase amenazadora, os asustáis tanto que salís corriendo. Lamentablemente, se mueven con extraordinaria rapidez y se interponen entre vosotros y la salida, anticipándose a vuestras intenciones. De camino a la trampilla por la que queríais escapar, tropiezas con unos cascotes al tratar de esquivarles y caes de bruces. No estás seguro de lo que ha pasado, pero te has hecho mucho daño. Se te nubla la vista y sientes en la pierna un fuerte escozor que se convierte en una punzada insoportable.

Irene intenta ayudarte, pero se aparta asustada cuando uno de los alienígenas se arrodilla junto a ti mientras estás tendido, vencido por el dolor. El extraterrestre sujeta con una mano la mugrienta bota de la pierna que te has roto para impedir que la muevas y se apresura a posar la otra sobre la herida. Sus dedos emiten una extraña energía que te abrasa momentáneamente la carne, pero inmediatamente sientes una notable mejoría y el dolor desaparece. La herida por la que sangrabas ha cicatrizado y solo queda una magulladura casi imperceptible.

—Me has curado —reconoces con incredulidad.

—No temáis. Venimos en son de paz. Soy Metis Atrahasis y él es Ull Heris. Somos jueces y venimos desde el Cinturón de Ashad-Ger con el propósito de proteger el orden cósmico. Hemos acudido al recibir la llamada de la Llave.

—Hemos sido nosotros —confiesas con voz temblorosa—. Hemos utilizado el líquido contenido en ese recipiente. Pero no queríamos hacer nada malo...

—Ese líquido debe de ser la sangre de uno de los nuestros. ¿Cómo la habéis conseguido?

—La hemos encontrado aquí —vuelves a responder, sin pestañear—. Tal vez fue cosa de Héctor, el dueño de este palacio en ruinas...

Ambos seres os escuchan con interés. Te sientes un poco ridículo por haber intentado huir.

—Parece que conocéis muy bien a los humanos —observa Irene con curiosidad.

—No somos los primeros en venir hasta aquí, niña. Un grupo de exploradores de nuestro planeta centró sus investigaciones en vuestro planeta, pero contravino todas las normas de Ashad, fundaron imperios y civilizaciones y se mezclaron con los humanos.

—Tu sangre... —murmura Metis indeciso—. He entrado en contacto con tu sangre y... la he analizado automáticamente con mi equipo médico. Tu organismo porta los genes de los inmortales. ¡Así que debes ser descendiente de la Atlántida!

¿Eres descendiente de los habitantes de la Atlántida?, averígualo en la página 45.

No te gusta la forma en que se tuerce el pasillo de la derecha, como si volviera hacia la casa. Parece una galería secundaria y quizá no lleve a ningún sitio. Pero piensas en lo que diría Archibald Conrad, que una vez se encontró en la misma situación que vosotros. Las apariencias engañan y las trampas se esconden en los caminos aparentemente más fáciles.

Por eso, finalmente, te decantas por el pasillo de la derecha. Penetras en él, seguido de Irene, que camina muy pegada a ti, pues el foco de la linterna apenas ilumina más allá de vuestros pies.

—Ten cuidado, el suelo está muy resbaladizo.

Enseguida os dais cuenta de que el corredor forma una doble curva y vuelve a tomar la dirección original. Además, su inclinación se acentúa y empieza a ascender. Te sientes ilusionado porque probablemente habéis atinado con la elección.

Pero entonces encontráis una puerta de madera maciza que os cierra el paso.

—¿Qué hacemos ahora? —pregunta Irene.

—No lo sé —admites con desánimo.

—No tenía que haberme quitado el impermeable —dice tu amiga, abrazándose a sí misma y frotándose la piel—. Hace mucho frío.

Observas que la cerradura es similar a la de la puerta que abriste antes con la ganzúa.

—Puedo intentar forzarla.

—Tal vez deberíamos volver atrás...

—¿Para tomar el otro pasadizo? No es mala idea.

Irene se encoge de hombros.

—En realidad, había pensado mejor en volver a la casa. Esto se está complicando y no me gustaría perderme en un laberinto bajo tierra.

Si optas por utilizar la ganzúa, pasa a la página 113.

Si, en cambio, crees que es mejor volver y tomar el pasillo de la izquierda, pasa a la página 75.

Si te parece más acertada la propuesta de Irene para volver a la casa, pasa a la página 96.

Volvéis sobre vuestros pasos y abandonáis el túnel por el hueco bajo la escalera. Dejáis todo como estaba, colocando meticulosamente el panel que tapaba la entrada a las galerías subterráneas, y salís al vestíbulo de la casa.

Os habéis entretenido mucho, porque antes de que podáis entrar en la biblioteca, vuestros padres están bajando de la planta superior. Charlan entre ellos sobre asuntos que no tienen nada que ver con la venta de la vivienda. Es la estrategia de distracción de tu madre como buena agente inmobiliaria.

—Nos vamos, Irene —dice el hombre cuando la ve.

Pero tu madre y él siguen hablando, así que aprovecháis la ocasión para intercambiar unas últimas impresiones mientras Irene recoge su impermeable.

—Habrá que investigar y volver —le dices agitado.

—Si mi padre compra la casa, no habrá problema para acceder de nuevo a los pasadizos secretos.

—Buscaremos más información —confirmas contento.

—Es posible que exista alguna pista en la biblioteca.

—Es posible.

—Me lo he pasado muy bien.

—Yo también. Me alegro de haberte conocido.

Justo cuando empiezas a ruborizarte, vuestros padres se despiden. Irene también te dice adiós. En realidad, esperas que sea un hasta pronto.

FIN

Echas un último vistazo al mural y te estremeces. El aspecto de los seres representados junto a Héctor y su talismán es bastante desagradable. Piensas en las opciones que tenéis y te giras para volver atrás, a la seguridad del amplio pasadizo que tomasteis en la biblioteca.

—Este camino no conduce a ningún sitio. En el plano ni siquiera aparece...

Retrocedéis a mayor velocidad, con la tranquilidad de que ya conocéis aquel tramo de galería. Irene parece complacida por la decisión. Mientras camina, mueve a un lado y otro la luz de la linterna, de forma alternativa, como si pretendiera encontrar algo en las paredes.

—Puede que haya más inscripciones —explica.

La superficie de los muros es tosca e irregular, no está pulida como en la galería principal. Es lo único que ves realmente destacable. Aprovechas la ocasión para activar la grabadora de voz de tu teléfono móvil.

—Nota de campo —murmuras ante el aparato—. Casa de la Colina. Hemos encontrado un pasadizo subterráneo secreto que parte de la biblioteca, no sabemos a dónde nos llevará. En un pasillo secundario hay unos dibujos muy interesantes que parecen confirmar lo que hemos leído en el diario del señor Moses Adrionopoulos acerca del talismán de Héctor.

—Vas bien equipado, ¿eh?

—No se puede confiar sólo en la memoria. Así no olvidaremos lo que estamos viendo.

Te agachas para recoger el libro donde lo dejaste.

La galería principal se abre ante vosotros como la boca tenebrosa de una serpiente sin fin. Os envuelve una monótona oscuridad. El foco de la linterna perfora esa negrura a medida que os internáis y dejáis atrás el cruce. Las paredes que os rodean parecen extraordinariamente lisas, como si alguien las hubiera pulido a conciencia.

Mientras camináis, activas la función de grabadora de voz de tu teléfono móvil.

—Nota de campo: Casa de la Colina. El pasadizo que empezaba en la biblioteca se prolonga sin que veamos aún dónde termina. Todo parece apuntar a que hay construcciones en el subsuelo de la isla, pertenecientes al príncipe Héctor, llamado Rey de los Magos en su tiempo.

—Esto es interminable.

Irene tiene razón. El largo pasillo parece no acabar nunca. Cada vez os sentís más agotados porque apenas entra aire ahí abajo y resulta difícil respirar. Estás sudoroso y sofocado por el asfixiante calor. Te frotas los párpados, porque te cuesta concentrar la vista en el área que enfoca la linterna. En cambio, parece que Irene no sufre tanto con la insoportable temperatura de este sitio. Es infatigable. Eso te anima un poco a seguir sin quejarte

—Ya estamos llegando.

—¿Cómo lo sabes?

—Cuando he mirado el plano en el cruce me he fijado en que ya estábamos a mitad de trayecto.

—Me parece una noticia estupenda —celebra Irene.

Aunque no lo hacéis con tanto brío como antes, debido al excesivo calor, continuáis la marcha resueltos, hacia el enclave en el que supuestamente se erige el palacio de Héctor. Algunos escombros procedentes del techo taponan parcialmente el pasillo. Os arrimáis al muro, por si se produce otro desprendimiento. Los guijarros ruedan bajo vuestros pies al sortear el montón de piedras y tierra.

Un poco más allá, el foco de la linterna se topa con una puerta de madera que os cierra el paso.

—Está cerrada —dices tras apoyar la mano para empujarla. Luego, estudias el plano de nuevo—. Estamos justo bajo la cruz en medio del círculo grande.

—Tal vez ha llegado el momento de usar la llave...

El color del metal de la cerradura es el mismo que el de la llave que habéis encontrado en el libro de Adrionopoulos. La introduces y la mueves hasta que sientes que pone en funcionamiento el engranaje interior. La puerta se abre.

—Parece que vamos por buen camino —afirmas risueño al tiempo que invitas a Irene a traspasar el umbral contigo.

Cuando estáis en el otro lado, una brisa fresca y reconfortante azota vuestras caras. Un tenue rayo de luz entra por una fisura del techo y rompe la penumbra. Recorréis el último trecho antes de llegar a ese punto. Es evidente que una losa tapa la única salida.

—Imagino que habrá que moverla para acceder al palacio. ¿Me ayudas, Irene?

—Está un poco alto para nosotros.

Desplazáis algunas piedras hasta colocarlas bajo la trampilla y os subís encima. La losa no pesa mucho. La empujáis desde abajo sin emplearos a fondo y la echáis a un lado. Irene se apoya en tus hombros y trepa por el agujero.

—¡Qué maravilla!

Irene ha apagado la linterna y está boquiabierta. Es lo único que ves desde el pasadizo. Estás impaciente por subir.

—Échame una mano —le ruegas con ansiedad.

Cuando subes a la superficie, tienes una primera impresión decepcionante. Los cascotes amontonados al pie de las paredes y las armaduras oxidadas, desmontadas y caídas desordenadamente, ofrecen una visión lamentable de lo que debió ser un majestuoso palacio. Ahora aparece medio derruido. El tiempo ha hecho mella en el mármol verde.

Luego quedas tan desconcertado como Irene y contemplas todo atónito. Por mucho que fantasearas, no podías haber concebido algo semejante. Vuestros esfuerzos y vuestra tenacidad han merecido la pena.

—Cuando se lo cuente a mis amigos...

Irene te observa y sonríe, pero vuelve la mirada de inmediato a la inmensidad que os rodea para poder apreciar cada detalle: una sala tan amplia como una cancha de baloncesto, de forma circular. En el centro hay una fuente y, junto a ella, una estatua yacente de gran tamaño que representa a un hombre con barba y malla de acero, al uso de los caballeros medievales. Su postura sugiere la pasividad total que se adopta con la muerte, pero el personaje tumbado en su lecho pétreo tiene los ojos abiertos y conserva una expresión indescriptible, mezcla de sabiduría y serenidad.

Sientes un escalofrío. En el pedestal, aparece grabado lo siguiente: Hector vivet.

—Héctor vive —murmuras, traduciendo la inscripción en latín.

La gran sala circular queda cubierta por una inmensa e impresionante cúpula, sostenida por cuatro robustas columnas, una en cada esquina. Halos de luz se cuelan por las grietas del techo, resquebrajado por el paso del tiempo. La lluvia también ha entrado por ellas y en algunos rincones se han formado charcos que mojan vuestros zapatos y que, con la tierra, forman una capa de cieno.

A causa del polvo acumulado, el suelo parece uniforme, como si las baldosas de que está compuesto se hubieran fundido en una sola. Sólo en algunos sitios se adivinan bordes desgastados o intersticios que delatan el contorno de las losas. Al fondo, se elevan unos escalones de mármol que conducen hasta el trono del príncipe Héctor.

Cuando camináis hacia allí, una bandada de murciélagos emerge de las sombras con un suave aleteo. Se han asustado con vuestra presencia y vuelan para refugiarse en las tinieblas de otro rincón.

Dejas el libro de Adrionopoulos sobre el pedestal de la estatua y, con el móvil en la mano, sacas tu cuaderno de notas y buscas una página en concreto. La tienes señalada con una esquina doblada. Es tu propio mapa de la isla, un dibujo que has hecho de la silueta de la isla de Samos, con todos los puntos que has visitado.

En cada punto has marcado las coordenadas GPS y, al cotejar la información con la que ofrece tu teléfono, deduces que os encontráis justo bajo la cima de la montaña que tiene esa forma semiesférica tan extraña. ¡Claro, es el círculo grande del plano de Adrionopoulos! ¡La bóveda del palacio de Héctor! Te apresuras a tomar nota de todo con ayuda de la grabadora.

Al regresar desde el trono, Irene ve una protuberancia en el pecho de la estatua y se acerca a examinarla.

—¡Lo hemos encontrado!

—¿A qué te refieres? —preguntas alarmado, mientras te encaramas al torso de la estatua como Irene. Entonces, lo ves, incrustado en el seno de Héctor—. ¡El talismán!

Tocas sus caras talladas y la esmeralda se mueve un poco. Pero está engarzada en la sólida piedra de la estatua.

—Voy a intentar sacarla.

Con ayuda de tu navaja multiusos, tratas de extraer la enorme gema. Mientras tanto, Irene busca en el libro alguna referencia de la sala donde os encontráis.

—*"El Elixir de los Inmortales aguarda en el lugar donde nacen las ideas"* —lee extrañada—. ¿Qué querrá decir esto? *"Una sola gota, vertida sobre el talismán, la activará"*.

Tu amiga se sienta sobre las piernas cruzadas, con el libro en el regazo, y piensa en silencio para comprender el significado del mensaje. Por tu parte, has conseguido que la esmeralda salga intacta del pecho de Héctor.

—¡Ya está!

De pronto, la gema vibra en tu mano. Una especie de corriente eléctrica asciende por tu brazo, con tal intensidad que te ves obligado a soltarla. La piedra de cristal verde cae al suelo, pero, a pesar del fuerte golpe, no se hace añicos como temías. Debe de estar hecha de un mineral duro y resistente. Rápidamente, la recoges y la vuelves a depositar donde estaba.

—Ten cuidado —te regaña Irene.

—No ha pasado nada.

Irene se levanta y se acerca decidida a la cabeza de Héctor, palpando las hebras de cabello labradas en la piedra.

—El lugar donde nacen las ideas —repite con una mirada perspicaz—. Tiene que ser el cerebro, ¿no?

En efecto, sus dedos tropiezan con una abertura bajo la cabeza de Héctor y encuentran algo. Es un pequeño frasco de barro sellado con cera de abeja.

—¿Qué es eso, Irene?

—El Elixir de los Inmortales...

—¿Para qué sirve?

—No lo sé. Adrionopoulos no lo explica. Su libro acaba justo cuando habla de él. Pero, según dice, hay que verter una gota en el talismán.

—Qué emocionante. Hagámoslo.

Irene rompe el pequeño tapón de cera y un aroma acre y penetrante sale por el cuello del frasco. Lo vuelca sobre la gema y una gota de un líquido espeso y negro mancha sus caras verdes y traslúcidas.

Estás tan emocionado que sigues hablandole a la grabadora hasta agotar su capacidad. Ya no caben más mensajes. La miras fastidiado, porque tendrás que guardar el resto en tu propia memoria.

Un relámpago emana de la esmeralda y asciende fugazmente por el aire hacia el techo. Os apartáis de la estatua, sobrecogidos.

De repente, una sombra sume todo en la penumbra, como si hubiera llegado la noche. Luego, se produce un fogonazo y un fuerte resplandor. La explosión de luz, que parece fruto de un sortilegio, os ciega por unos instantes. Tienes que parpadear repetidamente hasta que recuperas la vista por completo.

La visión de este prodigio va más allá de lo racional, resulta demasiado impactante. Se te han acelerado los latidos y te palpita la sangre en las sienes.

Dos figuras humanoides surgen de la nada y se materializan en el centro de la sala. Hacen su aparición como los ángeles, envueltos en un halo resplandeciente que os deslumbra. Ambos seres lucen trajes ceñidos de tejido brillante y llevan máscaras con lentes de cristal opaco. Los tubos inhaladores añadidos a sus escafandras les dan un aspecto grotesco y amenazador. Parecen astronautas, pero, comparados con un humano, resultan gigantescos.

Pasmados, Irene y tú contempláis a quienes no pueden ser más que extraterrestres.

—¿Por qué hemos sido llamados y quién lo ha hecho? —dice uno de ellos. Su voz resuena en vuestras cabezas como si hablara desde el interior de la mente—. Sólo la sangre de un inmortal puede hacer funcionar correctamente la Llave. Sin embargo, no percibo la presencia de ningún miembro de nuestra raza aquí.

—¡Contestad! —ordena el otro alienígena con aspereza.

Tu amiga da un paso atrás, hacia el agujero por el que habéis accedido a la sala. Tú le imitas, pero no estás seguro de que debáis huir. Tal vez podéis intentar hablar con esa forma de vida ajena a la Tierra.

Si decides escapar, pasa a la página 91.

Si quieres intentar hablar con los extraterrestres, pasa a la página 62.

Cuando despiertas por fin, estás confuso. Te gustaría creer que todo ha sido un sueño, incluso los aspectos positivos de lo que acabas de experimentar. Pero, al abrir los ojos, ves a Metis inclinado sobre ti, con una mano apoyada en tu frente. Está intentando que tu malestar remita.

—¿Te encuentras bien? —pregunta mientras te mira.

—Sí.

—Nos tenías preocupados —dice Irene, que también está a tu lado—. Perdiste el conocimiento y has tardado bastante en recuperarte.

—Tanto que tenemos que irnos ya —añade Ull Heris, al mando de la plataforma-. Podías haberte roto la escafandra...

—Fue un accidente —murmuras en tono de disculpa.

Ull Heris conduce la plataforma hasta una de las estaciones de desplazamiento espaciotemporal esparcidas por el cielo de Ashad. La burbuja que os transporta se ensambla con ella y, en un santiamén, estáis de nuevo en Samos. Metis y Ull os han devuelto a la sala del trono del palacio.

—Gracias —te limitas a decir, asombrado por el viaje que acabáis de concluir y por la hospitalidad de estos seres—. Debéis de haber acumulado muchos conocimientos. ¿Conocéis otras culturas además de la nuestra?

—Naturalmente —contesta Metis—. De hecho, tenemos una alianza con otros sistemas que componen el Cinturón de Ashad-Ger y algunas colonias establecidas en varios planetas que orbitan alrededor de nuestros tres soles. ¿Queréis visitar alguna?

Por un instante, titubeas. Pero al final te das cuenta de lo cansado que estás y de que os habéis entretenido demasiado. Seguramente se ha hecho tarde y vuestros padres os deben de estar buscando.

Al principio, Irene no está de acuerdo.

—Vamos, es una oportunidad única.

Aunque insiste, terminas convenciéndola.

—Tiene que ser fascinante, pero puede que nuestros padres estén preocupados. Creo que es mejor dejarlo para otro día.

—Sí, tienes razón —asiente tu amiga—. Me encantaría hacer el viaje, pero hoy hemos vivido ya tantas aventuras...

—Como queráis —dice Metis con una especie de sonrisa en su extraña boca—. Creo que resultaría interesante para vosotros, sobre todo para que tú comprendas la realidad que te ha dado vida.

—Tal vez aún no esté preparado —replicas sin meditar mucho la respuesta.

—Debemos marcharnos —advierte Ull Heris. Entonces endereza la espalda y recobra toda su estatura, que os hace sentir diminutos-. Recuerda siempre que eres más poderoso de lo que piensas, por el simple hecho de llevar nuestra herencia en tus genes. Si tu superioridad se manifiesta alguna vez, nunca abuses de esa capacidad.

—De acuerdo —confirmas, a pesar de no estar seguro de lo que te están exigiendo, ya que siempre te has sentido un chico muy normal. Estás seguro de que se han equivocado contigo.

A continuación, vuelve a hablar Metis, que había dejado que la gema verde flotara en el aire y la ha atrapado de nuevo en su mano.

—Ahora nos llevamos la Llave, pues no debe estar en posesión de alguien que ignore cómo funciona exactamente. Quien la posea debe pertenecer a Ashad.

Ull Heris hace una última intervención.

—Pero siempre estaremos aquí si nos necesitas. Sólo tienes que concentrarte en ese deseo para volver a llamarnos.

—Gracias por todo.

Con un gesto de despedida, ambos alienígenas se desvanecen tan bruscamente como aparecieron. Miras a Irene y los dos reís mientras comentáis cada detalle de la experiencia vivida. Tus amigos no se lo van a creer.

FIN

Algo ha salido mal y te arrepientes de haber metido en este lío a Irene. Parece que tu sangre no tenía que haber manchado la gema, pues, al hacerlo, has invocado a esos dos seres con traje de astronauta.

Antes de que puedan reaccionar, te arrodillas y coges una piedra del suelo. Luego, la lanzas deseando acertar a cualquiera de los dos. Irene te imita y arrojáis una pedrada tras otra. Pero, incluso las que dan en el blanco, son repelidas por una pared invisible y no les hacen el menor daño.

Sin embargo, vuestro ataque les enfurece.

—¿Así nos reciben quienes nos han llamado? —grita la misma voz inhumana de antes—. ¿Con violencia?

Al comprobar lo inútiles que resultan vuestros esfuerzos, echáis a correr hacia los pasadizos por donde habéis llegado. Pero, de repente, uno de ellos os corta el paso. Se mueven a la velocidad del pensamiento.

Volvéis la cabeza y ves cómo el otro se acerca con la vara de fuego. Ambos han descendido hasta el suelo, pero, aun así, os siguen pareciendo altísimos, mucho más que un jugador de baloncesto.

—La Llave sólo debe ser activada por uno de los nuestros —explica con solemnidad el que tenéis delante.

—Los jueces Wothan y Thonar, que nos precedieron en esta misión y vinieron hasta aquí hace milenios, cuando aún era necesario usar astronaves para surcar el espacio, nunca regresaron a nuestro planeta ni dieron señales de vida —dice el otro.

—Es posible que fueran asesinados por vuestros ancestros— continúa el primero—. Si los humanos sois tan crueles y peligrosos como para atentar contra nuestras vidas después de haber tenido la osadía de llamarnos, no podemos arriesgarnos. Debemos destruiros a todos. Os someteremos a un nuevo diluvio que asolará los continentes.

—¡No! —exclamas alarmado—. Todo ha sido un error. No sabíamos que esa cosa era una llave...

—Somos jueces y nuestro cometido es ejecutar las decisiones que tomamos —sentenció el alienígena—. La única solución es devastar este mundo que nos ha traído siempre tantos problemas, hasta que se extinga la vida sobre él.

—No nos lo merecemos —replica Irene compungida.

—¿Acaso se merece vuestro hermoso planeta el trato que le dais? —contesta el otro extraterrestre, encolerizado—. Basta una rápida mirada para contemplar cómo vosotros mismos estáis destruyendo todo lo que os rodea. La codicia consume vuestras almas, las guerras se multiplican, la naturaleza muere... En cualquier caso, aunque no significarais una amenaza para nosotros, lo más recomendable es que todo vuelva a empezar desde cero. Aunque tal vez sea vuestro propio mundo el que se rebele contra vosotros.

Tan bruscamente como aparecieron, los dos visitantes se esfuman en el aire y se llevan el talismán de Héctor, sin daros opción a responder.

—Pero hay tantos inocentes —balbuceas con pesar.

Los alienígenas, que se creen con derecho a juzgar los actos de la Humanidad, se han marchado definitivamente.

Ahora no sabéis qué os espera, qué le espera a la propia Tierra. Su mensaje final ha sido bastante ambiguo, además de una severa acusación. Os sentís culpables y los remordimientos os atormentan, pues posiblemente habéis condenado a vuestros congéneres.

—Desearía que todo fuera una pesadilla y pudiéramos despertar —dices quejumbroso, abrumado por la fatalidad de los acontecimientos.

—Me parece que todo esto es muy real —afirma Irene sombría—. Pero ojalá no fuera así.

Lo ocurrido os marcará para siempre, aunque todavía no sabéis si los extraterrestres terminarán cumpliendo su palabra y acabarán con la especie humana o bien aguardarán a que el azar haga su trabajo y se hagan realidad sus peores presagios en forma de desastre natural.

Coges de la mano a Irene, que se deshace en lágrimas, y la aprietas con afecto.

—Encontremos una salida y volvamos a casa.

FIN

De nuevo hurgas en los compartimentos de tu cinturón y sacas el alambre que usas como ganzúa. Coges la linterna con la mano izquierda y te acercas a la puerta.

—Déjame que lo intente.

—Como quieras. Pero esta puerta no parece tan endeble como la del hueco de la escalera. ¿Quieres que te ayude a sostener la linterna?

—No hace falta, gracias.

Manejas el alambre hábilmente con una sola mano, la derecha. Lo introduces en la cerradura y lo mueves despacio de un lado a otro, escuchando atentamente los sonidos que arroja el mecanismo interno. Pero la cerradura se resiste. Después de unos dos minutos, aún no has logrado forzarla.

—Tenías razón. Esta puerta es distinta.

—Si quieres, lo dejamos...

—Espera. Voy a intentar otra cosa.

Es posible que el clip sea demasiado delgado. Doblas el alambre y lo vuelves a meter en la cerradura. Ahora mide la mitad, pero aún debería llegar hasta el engranaje principal.

—Qué frío —dice Irene. Los dientes le castañetean—. Estoy congelada. Espero que salgamos pronto al exterior.

—Seguro que sí. Creo que ya lo tengo.

En efecto, se oye un crujido. Inesperadamente, una trampilla se abre bajo el suelo que pisáis. Al mismo tiempo, un ruido atronador os envuelve, como si algo se derrumbara.

Caéis por la trampilla, pasa a la página 77.

Aunque el pasillo de la derecha parece volver hacia la casa, *"las apariencias engañan"*, como diría Archibald Conrad. Con ayuda de la linterna, vuelves a examinar el plano y te decantas por él. El otro corredor no parece conducir a vuestro objetivo. Irene te sigue sin rechistar. Camina muy pegada a ti, pues el foco de la linterna apenas ilumina más allá de vuestros pies.

—Ten cuidado, el suelo está muy resbaladizo.

Enseguida os dais cuenta de que el corredor forma una doble curva y vuelve a tomar la dirección original. Además, su inclinación se acentúa y empieza a ascender. Eso es buena señal. Tal vez hayáis acertado con la elección.

Pero entonces encontráis una puerta de madera maciza que os cierra el paso.

—¿Qué hacemos ahora? —pregunta Irene.

—No lo sé —admites con desánimo.

Observas que la cerradura es similar a la de la puerta que abriste antes con la ganzúa.

—Puedo intentar forzarla.

Irene se encoge de hombros.

—Tal vez deberíamos volver atrás...

—Como ya hemos visto antes, las puertas siempre encierran un camino. Según el plano, vamos en la dirección correcta.

—No me gustaría perderme en un laberinto bajo tierra.

—Eso no ocurrirá. Déjame que lo intente.

—Como quieras. ¿Te ayudo a sostener la linterna?

—Sí, gracias.

Le pasas la linterna a Irene y vuelves a sacar el alambre que usas como ganzúa. Te acercas a la puerta y lo introduces en la cerradura. Lo mueves despacio, escuchando atentamente los sonidos que emite el mecanismo interno.

Pero la cerradura se resiste. Después de unos dos minutos, aún no has logrado forzarla.

—Esta puerta es distinta.

—Si quieres, lo dejamos...

—Espera. Voy a intentar otra cosa.

Es posible que el clip sea demasiado delgado. Tal vez doblando el alambre consigas atinar antes, pero correrías el riesgo de romper el engranaje de la cerradura si es muy delicado.

Decides insistir sin probar a doblarlo y vuelves a meterlo, moviéndolo en círculos.

—Qué frío —dice Irene—. Estoy congelada. Espero que salgamos pronto al exterior.

—Seguro que sí. Creo que ya lo tengo.

En efecto, se oye un chasquido y la puerta se abre de par en par. Al mismo tiempo, un ruido atronador os envuelve, como si algo se hubiera derrumbado.

—¿Qué ha sido eso?

Irene está tan asustada como tú. Una nube de polvo os alcanza desde atrás. Retrocedéis unos pasos y encontráis el camino bloqueado.

—Por ahí ya no vamos a poder volver.

Un largo pasadizo se extiende recto ante vosotros. En tu cabeza bullen un sinfín de cavilaciones. Después de lo que ha pasado, sólo podéis seguir adelante. El pánico empieza a hacer mella en tu estado de ánimo.

Sin embargo, cuando Irene aferra tu mano buscando apoyo y demostrando encontrarse tan asustada como tú, te sobrepones y recobras las fuerzas. No estás solo. Además, el mapa marca con más exactitud de lo que parecía la situación de los sitios. ¿Estuvo Adrionopoulos aquí alguna vez? ¿O nunca recorrió los pasadizos?

—Entre los dos, lo lograremos.

—No nos queda otro remedio —dice Irene con resignación.

No obstante, reanudáis la marcha sumidos en la incertidumbre y os adentráis cada vez más hondo en la montaña. La incursión por el subsuelo está resultando una auténtica temeridad.

Al cabo de unos minutos, se vislumbra otra puerta al fondo, entre dos robustas columnas. Sin embargo, avanzáis indecisos porque el sonido de vuestras pisadas resuena demasiado sobre el suelo, como si hubiese un vacío bajo vuestros pies. No os equivocáis, al dar el siguiente paso, el piso empieza a desmoronarse delante de vosotros.

—¡Retrocede! —grita Irene—. Es una trampa.

La tierra se escurre por los intersticios existentes entre las losas que forman el suelo, mientras éstas pierden su punto de apoyo y se desploman. Entre la puerta y vosotros, se abre una profunda fosa llena de estacas afiladas.

Afortunadamente, quedáis al borde y estáis a salvo. Si hubierais seguido adelante unos centímetros, podríais haber muerto. Pero la situación ha empeorado mucho. En el único camino posible ha aparecido un obstáculo insalvable.

—¿Qué hacemos ahora?

Irene lo pregunta nerviosa, mientras pasea la luz artificial de la linterna por la estancia. Detiene el foco sobre la estrechísima cornisa lateral que ha quedado a ras del suelo y que salva toda la longitud de la fosa hasta el lado opuesto.

—Tendríamos que ir por ahí —confirmas, rascándote la cabeza—. Pero apenas cabe un pie.

Por más que inspeccionáis detenidamente el último tramo de la siniestra y fría galería, no tenéis otra salida. De manera que os armáis de valor, pegáis la espalda a la pared y comenzáis a recorrer la cornisa cautelosamente. Es fácil perder el equilibrio, pero caer significa una muerte segura. No podéis fracasar ahora.

Irene va delante, sosteniendo la linterna para tener un punto de luz, aunque preferís no mirar hacia abajo, donde os esperan decenas de lanzas puntiagudas de madera y un final bastante truculento. El vértigo se apodera de tu amiga, pero enseguida recupera la serenidad. Cruzas una mirada de comprensión con ella. Es difícil mantener la calma en este momento tan crítico.

Finalmente, alcanzáis la plataforma del otro lado con el corazón encogido y resopláis con alivio.

Irene continúa examinando todo con la linterna y descubre una inscripción en el dintel de la puerta.

—Mira eso.

Grabado en la piedra, veis un solo ojo, sobre unos labios sonrientes que parecen daros la bienvenida. Empujas la puerta y ésta se abre girando con un chirrido.

—¿Seguimos?

—Sí —responde Irene con escasa convicción.

A continuación, accedéis a un rellano en el que el techo es tan bajo que incluso tenéis que encorvaros. Se trata de una habitación cuadrada en la que no hay más puertas.

—No puede ser —sollozas horrorizado.

Después de encontrar los grabados en el arco de la puerta, Irene no deja de escudriñar cada rincón con la linterna. Diriges una mirada indecisa al techo y descubres que, sobre vuestras cabezas, hay un pequeño agujero. El techo es tan bajo que podéis llegar hasta él a pesar de vuestra estatura. Metes la mano y presionas un resorte casi involuntariamente. Algo rechina bajo la piedra.

De inmediato, se oye un sonido metálico, como de cadenas entrechocando, y el muro frontal cruje mientras se abate sobre el suelo mágicamente y os abre el paso.

—¡Vaya, es fantástico!

De repente, la maquinaria se detiene y la pared se queda atascada sin abrirse del todo. Es entonces cuando te alegras de no ser un adulto, tan corpulento como Archibald Conrad, pues, gracias a vuestro tamaño, cabéis por la angostura del hueco que se ha abierto y podéis colaros hasta el otro lado del pasillo.

Lamentablemente, otro muro idéntico cierra el paso varios metros más adelante. Y esta vez no ves que haya ninguna palanca.

A mitad del corredor, encontráis otro orificio, bastante más grande. Pero el techo se ha elevado tanto que ni siquiera aupando a Irene sobre tus hombros lográis averiguar cuál es su cometido. Al contrario que hace un instante, ahora os gustaría ser tan altos como las personas mayores para alcanzarlo con más facilidad. Con la linterna, tu amiga comprueba que parece una especie de respiradero.

—Creo que nos hemos quedado encerrados —balbuceas apesadumbrado, con voz entrecortada y sin energías para seguir—. Estamos perdidos.

De pronto, te falta el aplomo para enfrentarte a la adversidad. Te angustia la idea de que estéis extraviados en el laberinto. Mientras Irene te alumbra, consultas la brújula de tu reloj de pulsera y miras el plano.

—Seguimos yendo hacia el norte. Y se supone que el camino continúa por ahí, así que, efectivamente, esa pared tiene que ser móvil... Tal vez se tenía que haber movido a la vez que la otra, pero ni se ha inmutado porque los engranajes deben de estar oxidados después de tanto tiempo

—Intentemos moverla —sugiere Irene.

Tu amiga parece inagotable, pese a la expresión de su rostro. Su actitud te infunde ánimos. Con un leve gesto, le agradeces que tenga tanto arrojo. Pero, a juzgar por las dimensiones del muro, su propuesta puede ser irrealizable.

—¡Debe de pesar una tonelada! ¿Cómo narices vamos a hacerlo?

—Si hay un mecanismo que lo hace, tal vez podamos provocar que ceda usando la fuerza bruta. ¡Vamos, los dos a la vez!

Las conclusiones de Irene no te parecen demasiado convincentes, pero es lo único que podéis hacer. Así que os abalanzáis juntos hacia la pared. Cuando estás a punto de tocarla, sigues pensando que habéis quedado atrapados para siempre. Al principio, el muro ni se inmuta. Parece una barrera infranqueable. Pero lo intentáis varias veces, aplicando la fuerza en puntos diferentes, hasta que, por fin, tiembla y empieza a moverse por sí solo.

Al contrario que la otra pared, ésta se desliza sobre un eje horizontal. Es lógico que no haya podido hacerlo sin vuestra ayuda, pues el paso del tiempo y el peso del muro habrán desequilibrado el eje. De hecho, casi inmediatamente, notáis que su movimiento se interrumpe.

—Creo que podremos pasar por ahí.

Irene sigue tus indicaciones y os agacháis hasta poneros a ras del suelo. Os arrastráis, a gatas, y pasáis por debajo del muro, que se ha levantado menos de medio metro. El viaje es corto. Gracias a la linterna, podéis ver que os encontráis al pie de una empinada rampa.

Para subir por la rampa os agarráis a las raíces de plantas que se filtran a través de la roca. Eso es señal de que estáis muy cerca de la superficie. Incluso se respira mejor. Antes un constante olor a cerrado impregnaba el ambiente.

Llegáis desfallecidos y resollando al final de la rampa. Ha sido un gran esfuerzo debido a la fuerte pendiente. Al traspasar el umbral donde acaba, la luz de la linterna os muestra una estancia amplia y alargada. En la pared donde se encuentra el hueco por el que habéis entrado hay otros seis arcos, dispuestos de forma consecutiva.

Después de salvar obstáculos tan imprevisibles, os creéis capaces de sobrevivir a cualquier otra sorpresa. Pero, al iluminar al frente, quedáis paralizados. Varias figuras humanas se yerguen amenazadoras y os tienen acorralados. Instintivamente, piensas en huir. Pero os habéis alejado de la entrada que habéis utilizado. La salida más próxima es el siguiente de los siete arcos.

Si decides escapar por el segundo arco, pasa a la página 44.

Si quieres intentar salir por donde habéis entrado, pasa a la página 25.

Si intentas hablar con las personas que os rodean, pasa a la página 50.

Algo ha salido mal, pero no sabes exactamente qué ha sido. Si esos seres son capaces de teletransportarse desde su mundo, deben de poseer una gran tecnología y, por tanto, una extraordinaria inteligencia. Antes de que confirmen con actos su aparente hostilidad y decidan capturaros como si fuerais culpables de algún crimen, reaccionas. Coges a Irene de la mano y echáis a correr despavoridos.

Después de lo penoso que ha resultado el viaje hasta el palacio, escapar parece fácil. Pero la escaramuza no sale como habías pensado. Uno de los dos alienígenas os ha emboscado. Se desplazan a una velocidad asombrosa, como una exhalación. Ni siquiera lo habéis visto moverse. Pero ahí está, delante de vosotros, empuñando la temible vara de fuego.

—¿Qué teméis? —os pregunta.

—¿Qui-quiénes sois? —tartamudeas, asustado.

—Somos los Eternos Centinelas. Antes que nosotros lo fueron Wothan y Thonar. Vinieron a vuestro planeta hace mucho tiempo y nunca regresaron. Tememos que vuestros antepasados los mataran. Por ese motivo, desconfiamos de vuestras intenciones.

—No se puede juzgar a toda una especie por el acto de unos pocos —añade el otro alienígena, acercándose hasta donde estáis. Su voz es alegre y vigorosa—. Pero nos alarma descubrir que la Llave haya caído en manos de unos niños y la hayáis usado sin pensarlo.

—Nosotros no sabíamos que la piedra verde era una llave —dices con la garganta seca por el miedo.

—Eso no te excusa —defiende el extraterrestre de la vara de fuego—. Sin embargo, es cierto que no percibimos malas intenciones en vosotros.

—¿Qué clase de llave es? —pregunta Irene, agazapada tras una de las columnas. Su dedo índice señala la gema que flota en el aire.

—Venimos de muy lejos —responde el mismo ser, mientras el fuego de su vara que tanto os intimida se apaga poco a poco. Eso significa que han bajado la guardia y os dan un respiro—. La Llave es la conexión entre los de nuestra raza. Nos permite acudir en ayuda de nuestros navegantes, que exploran otras galaxias. Sólo debe utilizarse en casos de emergencia.

—Una especie de teléfono —murmuras al comprender la descripción que ha hecho.

—Como ya os hemos contado, los últimos que vinieron jamás volvieron. Creemos que la llamada, hecha hace miles de años, era una trampa.

—¿Una trampa? —exclama Irene, algo más tranquila. De pronto, empezáis a congeniar con esos desconocidos.

—Según nuestros archivos, se supone que un grupo rebelde de expedicionarios se instaló en este planeta. Mantuvieron contacto con una forma de vida inferior, los humanos que entonces habitaban este mundo, y aceleraron su evolución. Pero eso está prohibido. Nuestro único cometido es explorar, reconocer el terreno y marcharnos. Cuando llegó la embajada para atender la llamada, debió producirse algún enfrentamiento. La última comunicación que recibimos advertía que, para salvar la situación, se había decidido destruir una isla mucho más grande que ésta, la que conocéis como Atlántida.

—¡La Atlántida! —gritas entusiasmado—. He leído sobre ella. De modo que así desapareció... ¿Pero por qué teníais que destruirla?

—Porque la expedición rebelde había transmitido conocimientos de forma indebida a los nativos y les enseñaron a edificar, a cultivar, a cosechar... Así lo hicieron con los pueblos mesopotámicos o con el clan de Zaragua, en el norte de África, que se hizo con el poder sobre las demás tribus y fundó el imperio de los faraones egipcios. Los rebeldes se repartieron por el planeta. Cada uno fue a un área diferente de los cinco continentes, a las distintas zonas pobladas por aquel entonces, que podían albergar condiciones para prosperar con rapidez. Pero su experimento alcanzó niveles extremos en la Atlántida. Así que fue necesario borrar todo rastro de su actividad. No debía quedar nada para la posteridad.

La emoción os embarga, pero, entonces, el tono del alienígena se hace más grave.

—La Llave sólo debe ser activada por uno de los nuestros. Por vuestra naturaleza, los humanos nacéis limitados, sois vulnerables a muchas cosas. No debéis conocer la existencia de este objeto —explica con solemnidad, tomando la gema en su mano. La caricia hace brotar un destello de la piedra verde—. El poder que encierra es inmenso, demasiado para que un débil mortal lo manipule. Nos vemos obligados a...

—¿A qué? —replicas mientras retrocedes un paso.

—En circunstancias de auténtico peligro, arrasaríamos el planeta para asegurarnos de que no se pone en riesgo la misión y la existencia de nuestro pueblo. Pero creo que bastará con llevaros a ambos con nosotros.

—¡No! —protesta Irene, muy alterada—. ¿No podéis borrarnos la memoria y ya está?

—Eso es imposible. Somos jueces y, como tales, debemos ejecutar las decisiones que tomamos. Lo que os proponemos es la única solución.

—No te preocupes —le dices a tu amiga, ofreciéndole tu mano para que se sienta acompañada.

Un sentimiento de bondad emana de los dos gigantes. Aunque estáis a punto de ser abducidos, puede que para siempre, no tienes miedo. De alguna forma, el misterio de Samos ha quedado resuelto. Mientras vuestros cuerpos se disipan y son arrastrados hacia una intensa luz blanca, te arrepientes de haberte metido en este lío. Al menos, tienes el consuelo de no estar solo. A tu lado, Irene afronta la experiencia con tanta inquietud como tú.

—Estaréis a salvo con nosotros. Os aguarda la prosperidad y la felicidad que cualquiera desearía.

La voz del alienígena sigue retumbando en tu cerebro. Sonríes, aunque ya empiezas a echar de menos todo lo que dejaréis atrás, especialmente a tus padres.

FIN

No te gusta en absoluto la aparente hostilidad de los dos humanoides que tenéis justo delante. Tus pies te piden salir corriendo, pero reflexionas durante un momento, mientras uno de los alienígenas está hablando, y sospechas que una huida descontrolada puede resultar peligrosa. Rápidamente, trazas un plan de fuga.

—¡Hablad! ¿Habéis sido vosotros?

Tiras de la mano de Irene y retrocedéis muy lentamente, hacia una de las cuatro columnas que sostienen la bóveda, donde se abre el arco por el que habéis entrado en la sala circular. Los alienígenas os contemplan inmóviles, aguardando una respuesta que no va a llegar. Cuando alcanzáis el umbral del arco, os giráis y comenzáis una carrera desenfrenada.

—¡Corre! ¡Iremos por donde hemos venido!

—¿Habrá alguna salida?

Entonces recuerdas lo penoso que resultó el recorrido desde la casa de la colina y piensas que será imposible usar la misma galería debido a que quedó bloqueada.

—Espero que sí.

Irene enciende la linterna. Atravesáis a grandes zancadas el laberinto de pasillos, que se retuercen una y otra vez. Frenáis el paso un poco en cada esquina y volvéis a acelerar cuando conseguís cambiar de dirección. No tienes que volver la vista atrás para saber que os están persiguiendo. De algún modo, sientes su presencia. Un repentino viento os empuja desde atrás con fuerza y perdéis momentáneamente el equilibrio. Pero enseguida os recuperáis y seguís adelante.

Irene ha podido ver al alienígena de la vara de fuego acercándose velozmente y lanzando otra ráfaga de energía invisible que impacta violentamente en el muro sin tocaros. Ha desatado toda su furia. Parece capaz de predecir vuestros movimientos, pero, afortunadamente, dentro del intrincado laberinto le resulta difícil adelantaros.

Cuando llegáis a la primera habitación que cruzasteis antes, la del tapiz de la batalla entre fieros dragones y otras bestias, Irene vuelve la vista una vez más y, en medio de la persecución, queda un poco rezagada para cerrar la puerta tras de sí. Sin embargo, para vuestra sorpresa, el extraterrestre se vuelve intangible y la atraviesa, como si careciera de sustancia física.

Mala suerte. Al intentar ganar ventaja, habéis perdido terreno. Pero seguís corriendo y atravesáis todas las estancias por las que habéis pasado antes. Finalmente, llegáis a la sala de los túneles. No obstante, el extraterrestre se mueve muy rápido y está ahí, justo a unos pasos a vuestra espalda. Os ha alcanzado enseguida.

Se ha quitado la escafandra que le cubría la cabeza y los hombros y podéis ver su rostro alargado y pálido. Su semblante exhibe una expresión imperturbable, pero la crueldad se dibuja en sus extrañas facciones. La vara de fuego brilla con más intensidad, como reflejo de su enfado.

Irene actúa instintivamente y enfoca la cara del alienígena con la linterna. El extraterrestre suelta un gemido y titubea. Con tanta oscuridad, la luz parece haberle desconcertado, pero pronto se repondrá del sobresalto.

No vais a renunciar a salvaros. Sin pensarlo, os metéis por la boca del pasadizo que tenéis más cerca.

—Reza porque no nos hayamos equivocado —dices abrumado.

Súbitamente, la inclinación del túnel se hace muy pronunciada y el suelo pierde rigidez bajo vuestros pies. Caéis de espaldas y os precipitáis por una especie de tobogán. La piedra de las paredes ha sido minuciosamente pulida pero os deslizáis a tal velocidad que el rozamiento desgasta vuestra ropa. No hay nada a lo que poder agarrarse. Es imposible parar.

La linterna ha debido de romperse con el golpe y estáis completamente a oscuras, por lo que el viaje hacia lo desconocido por el tubo negro se hace larguísimo. Gritáis asustados, pensando que habéis escapado de un peligro para meteros en otro. Temes por vuestras vidas.

Mientras estás pensando con frustración en que no sabes dónde has perdido el plano de Adrionopoulos, surge un punto de luz al fondo. Unos segundos después salís despedidos al exterior, deslumbrados por el sol. Se oye el rumor del oleaje. Aunque no deja de ser doloroso, aterrizáis sobre la arena blanda de una duna que amortigua la caída.

—¿Estás bien? —le preguntas a Irene cuando consigues ponerte de pie.

—Sí, aunque me duele todo el cuerpo.

Te sacudes la arena y descubres que tienes los brazos llenos de rasguños y la ropa hecha harapos.

—No sé cómo le explicaré esto a mi madre.

Habéis llegado a una playa, bajando por el interior del acantilado hasta una de las calas que salpican la costa. El aguacero aún dura, aunque con menos fuerza. La llovizna os refresca.

—Espero que no nos hayan seguido —dice Irene.

Desde la playa veis una masa oscura con forma circular que se confunde con el resto de las nubes pero destaca sobre el cielo encapotado. Parece un platillo volante posado sobre la cima de la montaña. Pero su perfil se desvanece hasta desaparecer por completo.

—Por si acaso, sigamos corriendo.

Irene te imita y saca fuerzas de donde no las tiene. Estáis agotados, pero vuestras vidas pueden estar en juego.

—Hablaremos con nuestros padres y se lo contaremos todo a la policía —decides, mientras jadeas por el esfuerzo.

—¿Todo?

—Bueno, sólo lo que parezca más creíble.

Menudo sábado más espectacular. Tus amigos no te van a creer cuando se lo cuentes. Pero tienes un testigo, una nueva amiga llamada Irene.

Poco tiempo después, justo el mismo día que una visita inesperada llama a la puerta de tu casa, ves un llamativo titular en la primera plana del periódico que ha comprado tu padre. Pero no puedes seguir leyendo porque quien entra en casa, acompañado de tu madre, es el jefe de policía.

—Buenos días —saluda con un gesto—. Venía a hablar contigo precisamente.

—¿Qué ocurre? —preguntas alarmado.

—Enviamos una unidad especial al sitio que nos indicasteis Irene y tú. Perforamos la roca en la cresta de la colina y, en efecto, se trata de la bóveda de un antiguo edificio excavado en la montaña. Cuesta creer que haya permanecido tanto tiempo oculto, pero es cierto que el lugar resulta bastante inexpugnable.

—¿Encontraron la piedra?

—Ni rastro de la esmeralda.

—Entonces se la llevaron —susurras, en voz tan baja que tus palabras resultan inaudibles.

—Sin embargo —prosigue el policía—, la estatua que nos describisteis... está hecha añicos.

—Es extraño. ¡Antes estaba entera!

Alguien la ha destrozado. No han podido ser otros que los alienígenas, aunque no comprendes el motivo. O tal vez, el rayo lanzado por la Llave fue tan fuerte que resquebrajó completamente la estructura de la estatua y terminó cediendo hasta romperse.

El jefe de policía sigue hablando un rato con tus padres y, antes de despedirse, les explica que ahora es el turno de los científicos. Mientras tanto, le echas un vistazo a la prensa.

"¡Ya estuvimos aquí!", cita el titular. Lees algunas líneas y averiguas con estupor que se han producido muchísimos avistamientos de OVNIs que se camuflan entre las nubes. Es noticia en todo el mundo.

—¿Será una invasión? —te preguntas intrigado.

No habíais vuelto a saber de los alienígenas desde la incursión en el palacio de Héctor, pero la impresión que tuvisteis tras el contacto con ellos no fue muy positiva. Curiosamente, nadie, salvo vosotros, tuvo el menor atisbo de los fenómenos que se sucedieron aquel día.

¿Una invasión? Te horroriza imaginar lo que habéis podido provocar con vuestro hallazgo. Meditabundo, coges tu teléfono móvil y marcas un número.

—¿Irene?

FIN

¡VE A POR NUEVAS AVENTURAS!

TÍTULOS DE LA COLECCIÓN

Título	ISBN
1- Laberinto de juegos *Iván Babiano Nieto*	978-84-936726-0-7
2- El talismán cósmico *José Ángel Muriel González*	978-84-936726-2-1
3- Cazadores de tesoros *Iván Babiano Nieto*	978-84-936726-1-4
4- Cerca del Sol *Iván Babiano Nieto*	978-84-936726-4-5
5- Perdidos en el tiempo *Pedro Estrada y Raquel de la Morena*	978-84-936726-5-2
6- La guarida de los monstruos *José Ángel Muriel González*	978-84-936726-6-9
7- Isla Pirata *Iván Babiano Nieto*	978-84-936726-7-6
8- ¡Superhéroe por sorpresa! *José María Carrasco*	978-84-937296-7-7
9- Misión bajo cero *Pedro Estrada y Raquel de la Morena*	978-84-937296-8-4
10- Campamento vampiro *Víctor Conde*	978-84-937296-9-1
11- Zona mutante *Andrés Carrión*	978-84-92939-14-5
12- Misterios subterráneos *Javi Araguz*	978-84-92939-15-2
13- En otro mundo *Lucía González Lavado*	978-84-92939-16-9
14- Desafío Ninja *Pedro Estrada y Raquel de la Morena*	978-84-92939-26-8
15- Castillo Fantasma *José Antonio Cotrina*	978-84-92939-57-2

CAZADORES DE TESOROS

TU TÍO ARQUEÓLOGO TE PROPONE VIAJAR CON ÉL ESTE VERANO. LAS OPCIONES SON MUCHAS: DE LA SELVA SUDAMERICANA A UNA MINA EN ÁFRICA, DE LAS GALERÍAS DE UNA TUMBA EGIPCIA A UN VOLCÁN EN MITAD DE CAMBOYA. ¿EN CUÁL DE ESOS DESTINOS SE ESCONDE EL MAYOR DE LOS TESOROS?

SI QUIERES DESCUBRIRLO, HAZ LA MALETA Y PASA PÁGINA.

LA CUARIDA DE LOS MONSTRUOS

JORGE ES UN CHICO MUY RARO, EN LA ESCUELA TODO EL MUNDO EVITA HABLAR CON ÉL, INCLUIDO TÚ MISMO, PERO AHORA DESCUBRES QUE TIENE UNA AFICIÓN DE LO MÁS EXTRAÑA: COLECCIONA MONSTRUOS. SEGÚN TE CUENTA SON SERES QUE SE OCULTAN EN LOS OBJETOS COTIDIANOS MÁS SENCILLOS.

TE RESISTES A CREERLE PERO ¿Y SI FUERA CIERTO Y DESCUBRIERAS QUE ESTÁS RODEADO POR TODA CLASE DE SERES INSOSPECHADOS?

MISIÓN BAJO CERO

Cuando ganaste aquel viaje a la Antártida para ver en persona una estación científica, no pensaste que fuera a ser algo tan peligroso.
El hielo del polo sur se está derritiendo y ha liberado a unos seres que llevaban miles de años dormidos... ¡Y ahora tienen hambre! Sólo tú puedes detenerlos para evitar que arrasen el planeta. ¿Podrás volver a encerrarlos en el hielo o serás tú mismo quien acabe congelado?

CAMPAMENTO VAMPIRO

El campamento de verano que hay junto al Lago Diamante no es lo que parece. Entre talleres, excursiones y días de pesca algo maligno se las ha arreglado para infectar a tus monitores. ¡Todos tus compañeros dependen de ti! Ármate de valor (y a poder ser también de estacas, dientes de ajo y agua bendita...) para descubrir el escalofriante secreto que anida en la Montaña de la Cruz.

E GUSTA LA AVENTURA?
Águila Roja
Tú Decides la Aventura !
Águila Roja
EL IMPOSTOR
LOBOS DE MAR
ANDRÉS CARRIÓN
EL ALQUIMISTA
EL TESORO DEL INDIANO
¡AHORA PUEDES
VIVIRLA!

¡Con imágenes
en el interior!
PELICULIBROS
3D
MONSTRUOS
EN ACCIÓN
9562675
Pedro Estrada y Raquel de la Morena